AF267052

VICTOR DE MAROLLES

Plate-forme politique

NOUVELLE ÉDITION

PARIS

RENÉ HATON, LIBRAIRE-ÉDITEUR

35, RUE BONAPARTE, 35

1893

VICTOR DE MAROLLES

Plate-forme politique

NOUVELLE ÉDITION

PARIS

RENÉ HATON, LIBRAIRE-ÉDITEUR

35, RUE BONAPARTE, 35

1893

PLATE-FORME

POLITIQUE

Où allons-nous?

Ce mot n'est plus aujourd'hui une exclamation banale, c'est une question très actuelle, très grave, et qu'il est impossible de ne pas se poser pour peu que l'on ait souci de l'avenir.

Chacun le sent, à l'heure présente, il y a quelque chose qui finit.

L'humanité, comme l'individu, a ses phases critiques, ses périodes de transition où la vie semble suspendue entre deux courants contraires, et l'histoire de l'humanité est l'histoire de la lutte entre ces deux courants : le courant de vie, qui mène le monde suivant l'ordre providentiel, le courant de mort, qui renverse cet ordre, et va contre l'impulsion divine.

Les religions de l'Orient imaginaient deux principes ennemis, deux divinités rivales. Nous savons qu'il n'existe qu'un principe de tout bien, qui est Dieu, et que le mal n'est autre chose que la négation, la révolte, conséquence du mauvais usage de la liberté. Le péché originel a été la première révolte de l'homme, qui aurait détruit dès le commencement l'œuvre de Dieu, si Dieu lui-même ne s'était fait Homme, pour racheter sa créature, et reprendre son œuvre.

L'Eglise est la forme vivante de l'œuvre divine, depuis la Rédemption ; c'est dès lors contre l'Eglise que la révolte humaine dirigera ses efforts. Sortie des catacombes, victorieuse des erreurs du paganisme et de l'ignorance de la barbarie, l'Eglise apporte au monde la civilisation chrétienne ; c'est-à-dire l'organisation sociale de l'humanité garantie par l'affirmation du droit contre la force.

La mission de l'Eglise est une mission de protection de la faiblesse contre l'oppression.

Elle protège la femme et lui rend sa place dans le foyer domestique.

Elle protège l'esclave et lui procure la liberté.

Elle protège le serf contre le seigneur, le vassal contre le suzerain, le suzerain contre la coalition des vassaux. Son influence établit le règne de la justice dans toute la hiérarchie féodale, et impose son arbitrage moral entre les Princes.

Cependant l'orgueil humain relève la tête et cherche sans cesse à secouer le joug. Les puissants supportent impatiemment le frein qui s'impose à leurs passions. La Renaissance ressuscite la théorie du droit romain sur le pouvoir absolu, la Réforme proclame le libre examen qui est la première expression de la libre-pensée, le philosophisme du XVIIIe siècle ébranle les dernières croyances ; les abus de l'ancien régime et les vices des grands accumulent les haines populaires, et la Révolution française éclate, ouvrant l'ère du naturalisme légal.

Alors, en France, la lutte se produit en sens inverse. La Révolution est au pouvoir. L'Eglise a à se défendre contre les entreprises dominatrices de l'Empire, les maladresses de la Restauration, les persécutions hypocrites du gouvernement de juillet. Un souffle de liberté passe en 1848, bientôt emporté dans une sorte de panique universelle qui jette la nation aux bras du gouvernement fort.

La religion fut pour l'Empire un moyen ; l'alliance eût pu être durable si elle eût été sincère des deux côtés.

Quand l'Empire se crut solidement assis, il abandonna l'Eglise ; sa chute suivit de près, et la France vit l'abîme ouvert devant elle.

Depuis lors, elle se débat au milieu des agitations politiques, religieuses et sociales, entre le courant de vie et le courant de mort ; les forces s'épuisent, les caractères s'affaiblissent et l'on se demande avec anxiété lequel des deux courants l'emportera.

Ce qui se passe en France a son retentissement dans l'Europe entière. La Révolution est internationale, et exerce son influence parmi les peuples civilisés, avec plus ou moins d'intensité, suivant qu'ils sont plus ou moins fidèles à l'observation de la loi divine. C'est toujours de la France que part le signal. Elle est comme le champ d'action choisi pour le développement d'un plan méthodique et tracé d'avance.

Il est avéré que la Révolution française, dans son ensemble et dans ses actes principaux, tels que la mort de Louis XVI, a été préparée par la franc-maçonnerie, spécialement au convent de Wilhelmsbade, auquel assistait Mirabeau accompagné de plusieurs délégués français.

Quant au plan général de destruction, il est exposé avec une netteté, une précision tellement frappante dans le passage suivant résumant la doctrine de Weishaupt, qu'on peut regarder cette thèse comme donnant le programme complet de l'œuvre révolutionnaire. On sait que Weishaupt était le chef d'une branche de la franc-maçonnerie, à la fin du XVIIIe siècle, connue sous le nom d'Illuminisme.

Voici la célèbre thèse rédigée par Philon-Krugge, le lieutenant de Weishaupt, dans ses *Derniers éclaircissements* (1).

---

1. *Les Sociétés secrètes et la Société*, par le P. Deschamps et M. Claudio Jannet, t. I, ch. 1er.

L'égalité et la liberté sont les droits essentiels que l'homme, dans sa perfection originaire et primitive, reçut de la nature.

La première atteinte à cette égalité fut portée par la propriété;

La première atteinte à la liberté fut portée par les sociétés politiques ou les gouvernements :

Les seuls appuis de la propriété et des gouvernements sont les lois religieuses et civiles.

Donc, pour rétablir l'homme dans ses droits primitifs d'égalité et de liberté, il faut commencer par détruire toute religion, toute société civile, et finir par l'abolition de la propriété.

Je ne connais rien de plus net, de plus explicite que cette déclaration. Elle a la précision d'une formule mathématique; c'est la logique même de l'anarchie.

Destruction religieuse, destruction politique, destruction sociale, tels sont les trois termes du plan maçonnique, c'est-à-dire révolutionnaire.

Nous allons brièvement en étudier la réalisation.

I. — La destruction religieuse.

Est-il nécessaire de discuter longuement pour montrer que la campagne la plus active est menée contre la religion, et que le premier but, le principal objet du mouvement révolutionnaire, est la destruction du catholicisme en France? En public, les adversaires ne veulent pas laisser voir trop clairement les conséquences nécessaires de leurs actes, et ils protestent bruyamment quand une occasion permet de dévoiler leurs desseins.

On se rappelle le tumulte qui a accueilli le discours prononcé au Sénat par M. Théry, président d'âge, à l'ouverture de la session de 1893. L'attitude de la gauche est curieuse à observer.

M. le président. — Depuis un certain nombre d'années, le Parlement a voté une série de dispositions ayant un caractère indéniable d'hostilité aux idées religieuses et, en particulier, au catholicisme.

M. Tolain *et plusieurs sénateurs à gauche.* — Mais non !

A droite. — Très bien ! très bien ! (*Bruit à gauche*).

M. le président. — J'exprime mon opinion personnelle, elle n'engage personne.

M. Tolain. — C'est une fausse appréciation, voilà tout.

M. le président. — Les moins clairvoyants parmi les catholiques y voient un plan habilement et savamment gradué pour arriver à ruiner la foi dans ce pays ; si ce résultat pouvait être atteint, la fermeture des Eglises... (*Exclamations à gauche*).

M. Tolain *et plusieurs sénateurs à gauche*. — Non ! Jamais de la vie ?

M. Monis. — Les églises nous les payons, nous les comblons !

M. Berthelot, — Ce n'est pas là le langage d'un président provisoire !

M. Monis. — Vous parlez contre les lois, et vous en altérez le sens et la portée.

M. Berthelot. — Le président proteste contre les lois existantes !

A droite. — Le président use de son droit ! *Un sénateur à gauche.* — C'est inconvenant !

M. Coste. — Non, ce n'est pas son droit ! Dans tous les cas c'est aussi notre droit de l'interrompre.

M. le président. — La fermeture des églises apparaîtrait comme étant la conséquence naturelle de la désertion des fidèles. (*Bruit et interruption à gauche.*)

Ce sont donc les choses de la conscience qui sont engagées dans la lutte : cesser de combattre pour leur foi serait de la part des catholiques une apostasie.

M. Monis. — Vous êtes plus papiste que le Pape.

Je ne veux pas refaire ici le tableau si souvent tracé, des lois et actes officiels attentatoires à la liberté de l'Eglise, contre lesquels orateurs, écrivains catholiques, prêtres, évêques, cardinaux, ont si éloquemment protesté, et que le Souverain Pontife a dénoncés à la face du monde chrétien.

Le caractère de ces lois est indiscutable. Ce que je veux constater, c'est que ces lois ne sont justifiées par aucune nécessité, qu'elles sont en elles-mêmes contraires au bien public, au bon sens, à l'équité, et que, malgré cela, elles sont votées, appliquées, défendues avec une sauvage énergie ; que les maîtres du pouvoir font de ces lois un tout indivisible, inséparable du régime politique, d'où résulte la preuve palpable, irréfutable, d'une intention formelle chez eux de détruire la foi et la pratique religieuses.

Prenons les lois scolaires.

Nulle part cette intention n'apparaît plus claire que dans le rapport présenté le 6 décembre 1874 par Paul Bert, à l'appui d'un projet d'ensemble dont le développement s'est produit en détail dans des lois successives.

Les trois grandes divisions de ce projet sont : *l'obligation, la gratuité, la laïcité.*

Le procédé était habile.

Qui pouvait s'élever contre l'obligation? N'est-ce pas un devoir primordial pour les parents de pourvoir à l'instruction de leurs enfants? On connaît les variations usuelles sur l'ignorantisme clérical et la diffusion moderne de la science.

Du moment que l'instruction était obligatoire, elle devait être gratuite. L'Etat pouvait-il faire payer ce qu'il imposait comme un devoir moral? L'Etat lui-même devait prendre la charge de l'enseignement.

Et, comme conséquence nécessaire de ce qu'il était officiel, l'enseignement ne pouvant favoriser aucun culte au détriment d'un autre, devait se tenir dans une neutralité absolue, même à l'égard des libres-penseurs, ce qui implique une abstention complète de toute notion religieuse.

On saisit ce que le raisonnement a de spécieux; les faits se chargent d'en démontrer la fausseté.

L'obligation est une pure chimère : les statistiques constatent que le nombre des enfants ne fréquentant pas l'école n'a pas diminué depuis vingt ans; ce chiffre est aujourd'hui, comme en 1876, de 440.000.

La gratuité est-elle, du moins, un encouragement à l'assiduité? Un instituteur, et non certes des moins laïques, me disait un jour : « Jamais l'école n'a été moins suivie que depuis que personne ne paie plus. Les parents qui paient veulent en avoir pour leur argent. Du moment que l'école ne coûte rien, peu leur importe que les enfants lui préfèrent l'école... buissonnière. »

Quant à la procédure des Commissions scolaires, elle a servi à inquiéter pendant quelque temps les braves gens qui protestaient, au nom de leurs principes, contre la prétention de l'Etat, de se mêler de leurs affaires de famille; mais, dans la plupart des communes, c'est une institution morte. Les maires sont peu friands de tout ce qui peut leur coûter des voix.

En revanche, les budgets de l'Etat et ceux des départements et des communes, connaissent le prix de cette gratuité. Que de fois n'a-t-on pas fait le bilan de ce que coûte aux contribuables l'enseignement officiel? Une petite brochure très instructive de M. Gabriel Martin le récapitule ainsi.

« A la caisse des écoles, il a été ouvert des crédits pour près de 700 millions, et officiellement il restait encore à faire 400 millions de travaux, ce qui ferait déjà un joli petit total d'un milliard et 150 millions. Mais en comptant les dépenses faites en dehors des crédits, en majorant, — comme il est certain qu'elles le seront — celles qu'il reste à faire, un économiste des plus distingués, M. Cucheval Clarigny, membre de l'Institut, est sûr que, si on additionne les dépenses faites et à faire pour les constructions scolaires, on arrive au chiffre de *deux milliards*.

« En ce moment, sans parler de l'avenir, il a été dépensé bien près d'un milliard en capital, et l'entretien annuel de l'enseignement primaire public coûte aux contribuables près de deux cent quarante millions » (1).

Au taux de 4 p. 0/0, cette somme annuelle représente un capital d'environ six milliards.

Ces chiffres ont leur éloquence, au moment où la discussion du budget annonce une telle pénurie de ressources en face de dépenses de première utilité, qu'il faut recourir à de nouveaux impôts pour établir l'équilibre,

---

1. *A l'école primaire*, Paris, Lamulle et Poisson, 14, rue de Beaune.

et que, depuis trois ans, les dépenses se sont accrues de plus de cent millions.

Assurément, il ne faut reculer devant aucun sacrifice quand l'intérêt public le demande.

Nous avons vu, en ce qui touche l'assiduité, que les résultats étaient négatifs.

Nous voyons quelle augmentation de charges supportent les contribuables du chef de la gratuité.

Il est facile de constater les résultats obtenus au point de vue de la moralité :

Toutes les statistiques nous montrent l'échelle ascendante de la criminalité, surtout dans l'enfance et l'adolescence.

« En 1878, trente mille enfants mineurs avaient été traduits devant les tribunaux; en 1887, il y en a trente-six-mille, et *trente-huit mille* en 1888.

. . . .

Le suicide, le crime du désespoir dans un âge où tout est espérance, était inconnu jadis chez les enfants. Aujourd'hui il est presque commun; pendant les trois années 1885, 1886, 1887, la moyenne annuelle des suicides d'enfants ou de tout jeunes gens a été de 404, le nombre de ces suicides s'est élevé à 448 en 1888, à 430 en 1889, et à 456 en 1890 (1).

C'est précisément la période correspondante à la première application des lois scolaires. L'effet ne se fait pas attendre.

D'ailleurs, chacun peut faire son enquête sur l'état moral de la jeunesse actuelle; il n'est pas une famille à la campagne où les parents ne se plaignent de l'indiscipline, de l'insolence de leurs enfants. Qui n'a entendu répéter souvent cette phrase : « Voilà qui nous prépare de jolis citoyens ! »

De là le succès des écoles congréganistes. Partout où elles peuvent se fonder librement, les parents les pré-

____

1. *A l'école primaire*, p. 56.

fèrent, et l'on cite de farouches laïcisateurs qui envoient leurs enfants chez les religieux. Dans une foule de localités, l'école officielle est déserte, et l'instituteur récolte quelques rares élèves sous la pression des menaces et de la contrainte administrative.

Tout cela est connu, démontré ; tout cela a été dit et redit dans les journaux, les livres, les congrès, les réunions publiques, au parlement.

Et cependant les lois scolaires sont le premier et le plus sacré des éléments de ce bloc indivisible que l'on veut identifier avec la République.

C'est comme conséquence des lois scolaires que nous avons vu se dérouler cette suite d'attentats qui sont la honte de notre époque : les décrets d'expulsion, les crochetages des couvents, les appositions de scellés sur les chapelles, les arrêts de complaisance du Tribunal des conflits, la violation du principe de l'inamovibilité destituant plus de six cents magistrats, les appels comme d'abus, les suppressions de traitements prononcées contre des prêtres, même des évêques, enfin tout cet ensemble de vexations journalières, de mesures d'intimidation, de pressions exercées dans les familles, de basses persécutions, qui trahissent la volonté persistante, implacable, d'atteindre le but.

Ce but est nettement marqué. C'est l'anéantissement de la foi religieuse.

Toute autre raison est sans valeur.

La même démonstration est facile à faire en ce qui concerne les autres lois fondamentales du régime actuel.

La loi sur le recrutement de l'armée trahit incontestablement la même préoccupation.

Que le service militaire soit obligatoire pour tous, c'est un principe que nous n'avons pas à discuter ici. Mais de tout temps et en tout lieu il y a des causes d'exemption, qui ne détruisent en rien le principe, mais qui sont justifiées par des raisons de justice et d'honnêteté publique. Les fils aînés de veuves, les soutiens de famille, les jeunes gens voués à l'enseignement sont partout dispensés. Dans la loi actuelle, nulle exception, les infirmes même sont ajournés, non dispensés. C'est le niveau inflexible.

Pourquoi cette rigueur que rien ne justifie, alors que le chiffre des effectifs est écrasant pour le budget?

Uniquement pour ne pas donner la moindre ouverture à l'exemption qui s'impose en vertu du caractère sacerdotal. Le séminariste à la caserne, livré aux railleries des camarades, exposé aux entraînements de la jeunesse, attiré dans les mauvais lieux, voilà le rêve.

Autrement, pourquoi enlever à la pauvre veuve l'enfant qui la fait vivre, pourquoi priver les familles de leur unique appui, pourquoi nuire à l'enseignement public? Toutes ces exceptions sont humaines, économiques, populaires.

Non! une raison domine toutes les autres. Il faut entraver autant que possible le recrutement du clergé. C'est encore là une des parties essentielles du bloc.

On a tout dit sur la laïcisation des hôpitaux.

On a fait valoir les arguments les plus irréfutables. On a prononcé les discours les plus éloquents à la Chambre, au Sénat, aux Conseils municipaux de Paris et des grandes villes, on a écrit les ouvrages les plus complets. Un homme qui n'est cependant pas suspect en matière religieuse, le docteur Després entre autres, s'est fait l'apôtre de cette campagne du bon sens contre l'absurde. Chacun peut lire dans les journaux, des faits divers, des comptes rendus de procès, des récits de scandales à la charge du personnel laïque des hôpitaux.

Rien n'y fait.

La laïcisation s'opère avec une continuité lente et sûre, en dépit des plaintes en abus de confiance, des empoisonnements par imprudence, des malades cuits dans leur bain, comme elle se poursuit dans les écoles, malgré les vœux des communes, les constatations des statistiques, les charges du budget.

Elle est pratiquée partout, en tout lieu, en toute circonstance. Les naissances, les mariages, les enterrements, les clochers, les cimetières, les aumôneries civiles et militaires, les escortes, les processions, le travail du dimanche, les distributions de secours, les choix de fonctionnaires, les distinctions honorifiques, tout est sujet à laïcisation. Il n'est pas jusqu'aux statuts de syndicats, jusqu'aux règlements de pompiers qui ne soient soumis au plus minutieux examen à l'effet d'en éliminer les moindres allusions aux choses de la religion (1).

La magistrature est d'accord avec l'administration pour poursuivre la campagne, à l'encontre du droit et du bon sens. Prenons deux exemples : rien n'est plus contraire à l'équité que le droit d'accroissement; faire payer à une communauté des droits de mutation au décès de chacun de ses membres, alors que la communauté paie déjà le droit de main-morte, cela constitue une des injustices les plus révoltantes que l'on puisse imaginer; et cependant il se trouve des juges pour la consacrer au nom de la loi. En une autre matière, il semble tout naturel qu'un syndicat s'éclaire des conseils de personnes sympathiques, et les reçoive dans ses réunions. Malgré tout ce qu'on a pu dire, malgré la saine raison, malgré l'intérêt même des syndicats, Tribunal, Cour d'appel, Cour de cassation, toutes les juridictions ont condamné plusieurs honorables industriels du Nord, parce qu'ils sont chrétiens, alors que les infractions les plus graves commises par des syndicats révolutionnaires sont laissées impunies.

Mais ce qui se fait n'est rien auprès de ce qui se prépare. On ne veut pas actuellement encore de la séparation de l'Église et de l'Etat. On trouve que le Concordat a son utilité. Nos ministres ne se font pas faute de déclarer qu'il est pour eux un moyen d'action sur le clergé, en quoi ils n'ont pas tort, car tant que l'Église n'a pas son patrimoine propre, l'alliance avec l'Etat n'est pour elle qu'une servitude.

1. Un parquet a critiqué la dénomination de *syndicats paroissiaux*. Un règlement de pompiers qui parlait de la Sainte-Barbe a été renvoyé par la sous-préfecture.

Mais, quand le terrain sera préparé par le complément des lois fiscales, surtout par l'acceptation de la loi sur les associations, l'arme la plus puissante qui ait encore été forgée pour opprimer la liberté religieuse (1), quand toutes les lois restrictives auront été acceptées, quand l'Eglise sera garrottée, bâillonnée, réduite à l'impuissance, alors la séparation se fera naturellement, comme la séparation de la tête et du corps.

Alors l'enseignement religieux devenant à peu près impossible, les coutumes chrétiennes tombant en désuétude, la foi s'éteignant peu à peu dans l'âme du peuple, il sera facile de montrer l'exercice public du culte comme incompatible avec les franchises de la libre-pensée, et la fermeture des églises paraîtra tout aussi naturelle que l'est aujourd'hui l'interdiction des processions.

Alors sera en voie d'accomplissement la première partie du programme, qui est de détruire le christianisme, et de former un peuple vivant uniquement de la vie naturelle, sans autre morale que la morale humaine, sans autre défense sociale que la police et la gendarmerie, affranchi de toute loi supérieure et divine.

1. On peut en juger par le vœu suivant émis au convent maçonnique do septembre 1891 : Vœu relatif aux congrégations religieuses.

« En présence des difficultés et des embarras que crée au Parlement la situation du monachisme en général vis-à-vis de la liberté d'association ;

« Considérant que l'existence des congrégations religieuses, sous toutes leurs formes, est une violation absolue du droit commun en ce que les individus des deux sexes qui les composent contractent en y entrant l'engagement de violer la loi naturelle du mariage que la société a le devoir de défendre et faire respecter ;

« Considérant, d'autre part, que l'existence des congrégations est un danger pour la République et la sécurité publique.

« Les FF∴ du 2° bureau émettent le vœu que le Convent, par une décision solennelle, invite tous les FF∴ délégués à poursuivre, chacun dans leurs orients respectifs, une campagne dans l'opinion publique, en faveur de la suppression des congrégations religieuses, et invite les FF∴ faisant partie du Parlement à mettre le Gouvernement en demeure d'appliquer la loi de 1792, qui n'est pas abrogée et interdit d'une façon absolue toutes les congrégations d'hommes ou de femmes. »

Le vœu est adopté.

II. — La destruction sociale.

La seconde partie du programme révolutionnaire a pour but la suppression de toute hiérarchie politique ou sociale créant des inégalités entre les hommes.

L'humanité est considérée comme un composé d'individus de même poids et de même mesure indépendants les uns des autres, n'ayant chacun d'autre intérêt que celui qui est limité à sa personne et à la durée de son existence. Cependant la vie en société étant un besoin inhérent à la nature humaine, les rapports sociaux sont soumis à « des règlements limitant la liberté de chacun au profit de la liberté des autres » ; c'est ainsi qu'est définie la loi.

Ces principes ont été coordonnés et résumés dans un document récent que l'on a nommé : La déclaration des droits de l'homme et du citoyen en 1889.

Cette déclaration a été acclamée au congrès international de la franc-maçonnerie tenu à Paris au Grand Orient de France, les 16 et 17 juillet 1889.

En voici la teneur :

« Article premier. — Les hommes naissent et demeurent libres, égaux en droit, et soumis aux lois fatales d'une universelle solidarité.

« Art. 2. — Les droits de l'homme sont fondés sur la nature même des choses, antérieurs et supérieurs aux lois positives, imprescriptibles et inaliénables.

« ART. 3. — Ils sont placés sous la protection de tous.

« Le gouvernement est institué pour en garantir la jouissance à chaque citoyen.

« ART. 4. — La garantie sociale repose essentiellement sur la souveraineté du peuple.

« ART. 5. — La souveraineté réside dans l'universalité des citoyens ; elle est une, indivisible, imprescriptible et inaliénable.

« La République est le régime qui consacre et sauvegarde cette inaliénabilité (1).

« ART. 6. — Le principe de la souveraineté du peuple suppose le droit à l'existence, qui est le premier des droits de l'homme. La société doit garantir à tous les citoyens l'exercice de ce droit, soit en leur procurant du travail soit en procurant les moyens d'existence à ceux qui sont hors d'état de travailler.

« ART. 7. — Nulle contribution ne peut être établie que pour l'utilité générale.

« ART. 8. — Le droit de manifester sa pensée et ses opinions, soit par la voie de la presse, soit de toute autre manière, et le droit de s'assembler paisiblement ne peuvent être interdits.

« ART. 9. — Nul ne peut être inquiété dans l'exercice de sa religion, tant que les cérémonies cultuelles auxquelles il prend part ne troublent pas l'ordre public.

« Nul ne peut-être contraint de contribuer aux dépenses d'une religion.

« ART. 10. — L'instruction est le besoin de tous. Elle doit être mise à la portée de tous les citoyens d'une façon gratuite, laïque et obligatoire.

« ART. 11. — Les fonctions publiques sont essentiellement temporaires.

« ART. 12. — La propriété ne peut être que la faculté pour

---

1. On remarquera que la forme républicaine est un des articles essentiels des programmes maçonniques. Du reste, elle est la seule compatible avec le principe de la souveraineté du peuple.

tout citoyen de jouir et de disposer du fruit de son travail et de son industrie (1). »

Il est intéressant de comparer cette déclaration avec celle de 1789, et de reconnaître le chemin parcouru depuis cent ans.

Les idées fondamentales sont les mêmes : liberté native, égalité de droits, souveraineté résidant dans l'universalité des citoyens, gouvernement institué pour garantir à chacun la jouissance de ses biens.

Le régime est encore celui de l'individualisme, si nettement défini par cette phrase de Chapelier dans son rapport sur la suppression des corporations en 1791 : « Il n'y a plus que l'intérêt particulier de chaque individu et l'intérêt général. »

Au point de vue social, toute la Révolution est là.

L'ancien ordre de choses était basé sur la hiérarchie professionnelle : nobles, clercs, bourgeois, artisans, simples manœuvres, chacun avait sa place marquée dans un groupe social; ces divers groupes ne formaient pas des castes fermées comme celles des peuples primitifs; ils étaient ouverts à l'ascension professionnelle et accessibles aux mérites personnels. Mais chaque corps avait son organisation, sa *loi privée*, *privata lex*, d'où le mot *privilège*. De là résultait pour chaque individu un droit de protection, un état civil normal d'où n'étaient exclus que les malfaiteurs ou les inconnus. De là résultait aussi pour chaque corps une autonomie, une existence propre, une protection contre les usurpations des autres corps, une garantie contre l'oppression du pouvoir suprême.

Tel est le régime que la Révolution a aboli ainsi que le proclame la Constitution du 14 septembre 1791.

L'Assemblée nationale, voulant établir la Constitution française sur les principes qu'elle vient de reconnaître et de déclarer, abolit irrévocablement les institutions qui blessaient la liberté et l'égalité des droits.

1. C'est le texte proposé par la loge Thélème « de Grenoble ».

Il n'y a plus ni noblesse ni pairie, ni distinction héréditaire, ni distinction d'ordre, ni régime féodal, ni justices patrimoniales, ni aucun des titres, dénominations et prérogatives qui en dérivaient. . . . .
ni aucune supériorité que celle des fonctionnaires publics dans l'exercice de leurs fonctions.

Il n'y a plus ni vénalité, ni hérédité d'aucun office public.

Il n'y a plus, pour aucune partie de la nation, ni pour aucun individu, aucun privilège ni exception au droit commun de tous les Français.

Il n'y a plus ni jurandes, ni corporations de professions, arts et métiers.

La loi ne reconnaît plus ni vœux religieux, ni aucun autre engagement qui serait contraire aux droits naturels ou à la Constitution.

On le voit, l'énumération est complète de ce qu' « il n'y a plus ».

Que reste-il donc? Nous l'avons dit ;

D'une part des individus, d'autre part un seul et unique Pouvoir social : l'Etat.

Le contraste entre les deux sociétés a été dépeint d'une façon frappante dans une page peu connue des ouvrages de Xavier Marmier, que je cite parce qu'elle contient la substance de plusieurs volumes.

Autrefois, l'ordre de primogéniture et de légitimité établi dans la famille des souverains se trouvait, à des degrés différents, dans toutes les classes de la société. L'homme, en naissant, avait son nid préparé d'avance, ainsi que les oiseaux; l'un comme l'aigle, sur les cimes aériennes; l'autre comme la cigogne, au sommet des vieilles tourelles; celui-ci, comme la fauvette, dans les ombres de la forêt; celui-là, comme l'hirondelle, sous le toit des paysans. On était, dès son enfance, casé dans sa vie, élevé en vue du métier que l'on devait faire, ou de la carrière plus ou moins brillante que l'on devait parcourir.

Que si, de temps à autre, on voyait un garçon aventureux sortir de son humble sphère, s'élancer hardiment à la recherche d'une place plus élevée, conquérir les honneurs et la richesse, ses anciens compagnons le regardaient avec étonnement, peut-être avec une secrète envie, mais ne se laissaient guère séduire par son exemple. On avait alors une autre ambition, plus calme et plus sûre, celle de se distinguer dans sa profession.

Le gentilhomme habitué de bonne heure à l'exercice des armes, et enflammé par les récits de ses pères, aspirait à se signaler par son courage sur les champs de bataille; le fils du magistrat voulait porter dignement la toge illustrée par ses aïeux, et le fils de l'artisan désirait se faire remarquer par son travail et sa probité dans sa vocation. D'âge en âge, par un principe d'hérédité continue, par une condition d'honneur, des plébéiens constituaient dans leur immuable profession des dynasties vénérées, des dynasties de braves gens. La bourgeoisie avait ses quartiers de noblesse, comme l'aristocratie. L'ouvrier qui, aux jours de fête, portait la bannière de sa confrérie, s'estimait tout autant que le colonel paradant à la tête de ses escadrons, le marchand, qui, par le vœu de sa communauté, était élevé à la dignité d'échevin, n'enviait point le sort du grand seigneur.

La Révolution a bouleversé de fond en comble, depuis le palais des rois jusqu'à la chaumière, tout cet ordre social, elle a rompu dans tous les rangs ces différents liens qui n'étaient ni si lourds ni si serrés qu'on a bien voulu le dire; elle a, dans son ouragan, suscité des ambitions jusque-là inertes ou ignorées, et ouvert les écluses à des torrents de désirs effrénés et d'insatiables convoitises. Maintenant, personne ne veut rester à la place où il est né et se contenter du lot qui lui a été assigné par la Providence. Le monde à été transformé en une tumultueuse arène où chacun se précipite à la poursuite d'un titre, d'un emploi, d'une fortune. Tel est le résultat du principe d'égalité proclamé par la fameuse Déclaration des droits de l'homme. Mais pour la plupart de ceux qui professent ce dogme, l'égalité consiste à dominer ses inférieurs et à ravaler ses supérieurs (1).

Cependant, la Constituante tout en proclamant l'égalité native de tous les hommes, et en décrétant la suppression de tous les privilèges de naissance, en avait laissé subsister un qui avait son prix : la PROPRIÉTÉ.

La déclaration des droits de 1789 la définit « un droit inviolable et sacré. » La déclaration de 1793, rédigée sous l'inspiration de Robespierre, la place au même rang que l'égalité, la liberté et la sûreté.

En même temps qu'il consacre son existence, le droit moderne donne à la propriété un caractère absolu qu'elle n'avait pas dans le droit ancien.

L'ancienne propriété était soumise à des charges nombreuses, à des servitudes personnelles ou réelles, plus ou moins compliquées. On peut presque dire qu'à chaque droit correspondait un devoir ; plus l'échelle sociale était élevée, plus les charges étaient grandes, et en dépit des préjugés actuels, il n'y avait guère que la petite propriété roturière qui fût libre (2).

La propriété moderne est le *jus utendi et abutendi* de la loi romaine. L'article 16 de la Constitution de 1793 la définit :

« Le droit qui appartient à tout citoyen de jouir et de disposer à son gré de ses biens, de ses revenus, du fruit de son travail et de son industrie. »

Le Code civil dit à peu près la même chose.

Voilà donc un droit que l'on acquiert par sa naissance, et par ce fait même, l'égalité est détruite. Que sont tous les privilèges, toutes les prérogatives nobiliaires à côté des avantages de la fortune ? Sans doute, la propriété est accessible à tous, mais tous ne naissent pas riches, et ne le devient pas qui veut.

En réalité, il n'y a plus que deux classes, la classe des riches et la classe des pauvres. Il n'y a plus que deux forces en présence, le capital et le travail. Le travail est

---

1. Rêveries et Réflexions d'un voyageur.
2. V. Giraud: *Précis de l'ancien droit coutumier*. Du franc, aleu.

libre, mais le capital aussi est affranchi de toutes charges, et la concurrence est illimitée. La liberté du travail et du capital, c'est la lutte pour la vie, lutte dans laquelle le plus fort l'emporte, c'est la loi d'airain, c'est le droit de la force.

A la faveur des découvertes récentes, l'industrie prend un développement immense; pour les appliquer, il faut des capitaux. L'argent afflue aux mains de ceux qui tiennent l'argent, l'association cesse d'être personnelle, elle devient une union de forces matérielles, et le travail n'est plus qu'une marchandise qui subit les lois de l'offre et de la demande.

Produire beaucoup et au meilleur marché possible, tel est l'objectif des possesseurs du capital. L'économie libérale tient chaire ouverte et érige en dogme la liberté des échanges, la productivité de l'agent, la puissance de la spéculation.

Alors le salaire est marchandé. L'ouvrier devient un outil dont l'employeur tire le meilleur parti possible.

Le désir du gain multiplie les entreprises. Dans le premier essor de la production, les commandes affluent, la consommation se développe, la multitude se jette dans l'industrie et déserte l'agriculture. Il faut des machines pour remplacer les bras; les centres ouvriers regorgent de travailleurs, tandis que les campagnes se dépeuplent.

Les nécessités de la concurrence provoquent les immenses agglomérations de capitaux qui alimentent les spéculations de bourse.

L'argent devient la grande puissance, le moteur universel; c'est l'avènement d'un nouveau régime auquel il faut donner un nom nouveau : LE CAPITALISME.

On a défini le capitalisme : « Un régime économique dans lequel le capital prend une place prépondérante, repousse au second plan la personnalité humaine, se donne les avantages que le travail ne saurait avoir, et s'attribue, lorsqu'il s'agit de répartir les bénéfices de la production, la part du lion (1).»

---

1. Nogues. *Essai sur le capitalisme.*

La définition est exacte et complète ; elle établit bien la différence entre le capitalisme et le capital, comme entre un régime désordonné qui produit les maladies et un régime sage qui entretient la santé.

Sous ce régime donc, la personnalité humaine n'a qu'un rôle secondaire. Le travailleur n'est plus qu'un instrument de bénéfices, esclave de la machine, jouet de la concurrence et des fluctuations du marché. Mais en même temps, il est le nombre, et bientôt, poussé à bout, il se rend compte de sa puissance ; il met son travail à prix ; à la coalition des capitaux, il oppose la coalition des volontés ; il refuse son travail, et les grèves éclatent.

On a recours à la force, la grève est qualifiée crime, et l'ouvrier est contraint de travailler à bas prix sous la menace des baïonnettes. Mais les expédients violents ne durent pas ; sous la pression de l'opinion, la liberté de la grève est proclamée ; le travailleur comprend la force de l'association : à son tour il prend l'offensive ; la guerre se livre, implacable et furieuse, entre ces deux puissances devenues ennemies, le capital et le travail, et quand une autre guerre terrible, la guerre étrangère, a brisé les forces nationales, le pays se trouve tout à coup en présence de l'anarchie, et le socialisme apparaît comme la solution vraisemblable de la question sociale.

Le socialisme est né du capitalisme, comme celui-ci est né de l'individualisme. Au fond, le socialisme, sous ses formes diverses, n'est qu'une réaction contre l'injustice résultant de la mauvaise répartition des richesses. L'erreur vient de la confusion entre la justice et l'égalité.

Le simple bon sens fait comprendre que le rêve de l'égalité des biens est aussi faux que l'idée d'une exacte parité entre les personnes. La recherche de la supériorité qui est un besoin inné chez l'homme, ne cesse de démentir la théorie égalitaire.

Tout cela est bel et bien, et se dit partout. Mais qu'importe le raisonnement à ceux qui ne possèdent rien, quand ils ont l'espérance de posséder à leur tour parce qu'ils sont le nombre et la force?

Un seul obstacle se dresse devant eux, c'est la propriété, c'est le capital argent dans les mains des autres. Ce capital héréditaire qui permet de jouir sans travail, cette propriété qui donne toutes les jouissances de la vie sans charges ni devoirs de mutualité, on leur a dit que c'était l'injustice, que c'était le vol. Or, l'ordre social n'est que la forteresse derrière laquelle s'abrite l'injustice sociale. Les gens pressés se servent de la dynamite pour aller plus vite en besogne, mais les gens sages savent qu'ils ont une arme plus sûre et moins compromettante, la législation.

Il ne faut pas se faire d'illusion, le principe de la propriété individuelle et héréditaire est mis en question.

On se rassure et l'on dit : La propriété est aujourd'hui répartie en tant de mains que son existence est garantie contre tout danger de destruction. Il ne faudrait pas se fier outre mesure à cette garantie.

Suivant les idées généralement reçues, le droit de la propriété dérive de la loi.

« Comme les hommes, dit Montesquieu, ont renoncé à leur indépendance naturelle pour vivre sous les lois politiques, ils ont renoncé à la communauté naturelle des biens pour vivre sous des lois civiles. Ces premières lois leur acquièrent la liberté; les secondes, la propriété (1). »

Les admirateurs de Montesquieu n'avaient peut-être pas songé au danger de ses doctrines. Il ressort de là, en effet, que, de droit naturel, la propriété est collective, et que la loi seule fixe la propriété de chacun. C'est ce que consacrait Robespierre dans son projet de Déclaration des droits : « La propriété, c'est le droit qu'a chaque citoyen de jouir de la portion de biens qui lui est garanti par la loi (2). »

1. *Esprit des lois.* L. XXXVI, ch. xv.
2. Thiers. *Rev. franç.*, III, p. 407.

Et, de fait, comment peut-il en être autrement alors que la souveraineté réside dans l'universalité des citoyens? Quel principe supérieur peut être placé au-dessus de cette souveraineté? D'où peuvent procéder les droits, sinon de cette souveraineté même, c'est-à-dire de la loi qui en est l'expression? Ces idées sont courantes. Je disais un jour à un paysan aisé qui avait toujours à la bouche ce mot suprême, la loi : « Mais voyons, monsieur Durand, si le gouvernement me prenait ma ferme parce que je ne la cultive pas moi-même, est-ce que vous trouveriez cela juste? » — « Dam', me répondit-il, si c'était la loi! »

Que répliquer à cela? Et que pourrait-on dire si, après les élections prochaines ou d'autres, il se trouvait une majorité pour voter l'article de loi suivant :

« La propriété est le droit inviolable pour chaque citoyen de jouir du fruit de son travail.

« En conséquence, tout citoyen devra justifier que la propriété dont il jouit est le fruit de son travail.

« Les biens au sujet desquels cette justification ne sera pas faite, feront retour à la collectivité. »

Une pareille disposition de loi est-elle absolument invraisemblable, alors que l'on voit une grande assemblée d'hommes graves, un convent maçonnique international, voter cet article de la déclaration que nous avons citée plus haut?

« La propriété ne peut être que la faculté, pour tout citoyen, de jouir et de disposer du fruit de son travail et de son industrie. »

Jouir et disposer du fruit de son travail, cela veut-il dire posséder des terres que l'on ne cultive pas, des maisons que l'on n'habite pas, des créances de sommes que l'on n'a pas prêtées? Si le travail personnel est le seul titre à jouir de la propriété, quel sera le titre de ceux qui ne travaillent pas?

Nous ne sommes pas bien éloignés, ce me semble, de la proposition de loi que je supposais tout à l'heure. A moins de grands bouleversements, les choses se modifient petit à petit, insensiblement, et c'est ici que l'on voit, en se reportant à la déclaration de 1789, la marche accomplie en un siècle.

Donc, point d'illusions, la petite propriété n'est pas une garantie absolue contre les atteintes qui peuvent être portées à la grande, et des principes combinés de l'égalité entre les hommes, et de la souveraineté du nombre peuvent découler des mesures restrictives d'une trop inégale répartition des richesses. Il y a, dans cet ordre d'idées, des formules connues, telles que l'impôt progressif; ces formules si redoutées jadis, s'acclimatent à la longue. Etant donné l'accroissement indéfini des besoins du Trésor où nous conduit le déplorable système financier pratiqué depuis un demi-siècle, on peut s'attendre à voir quelque jour ce genre de ressource fiscale trouver l'appui d'une majorité.

Ce sera l'acheminement — progressif aussi, — vers la concentration définitive de la fortune publique dans les mains de l'Etat, car il ne manquera pas de bonnes raisons pour prouver que l'Etat est encore le meilleur dispensateur des biens, suivant le travail et les mérites de chacun.

Et ainsi, sous une forme quelconque, par la marche naturelle des choses, sera réalisé le programme du plus pur socialisme d'Etat, ou, si on aime mieux, du collectivisme.

Rêveries que tout cela, dira-t-on; le collectivisme n'est pas sérieusement praticable; en tous cas il ne peut durer, le besoin d'appropriation individuelle reprendra le dessus, et il se fera une réaction en faveur de la propriété.

Je ne dis pas le contraire, mais enfin la société n'en aura pas moins passé par une transformation qui n'aura rien de favorable à la paix sociale, et les propriétaires d'aujourd'hui qui ne veulent pas être tirés de leur douce quiétude, pourront bien n'être pas les propriétaires de demain.

Le rôle de prophète de malheur est assurément ingrat, au milieu de gens qui préfèrent le plaisir aux graves préoccupations sociales; le visage de fâcheux est mal porté dans le monde, et il est malséant de parler socialisme en bonne compagnie.

Et cependant tout cela est vrai; la sagesse la plus élémentaire commande de s'arrêter, de réfléchir, de jeter un regard en arrière pour voir le chemin parcouru, surtout de porter les yeux vers l'avenir, pour constater les périls qui menacent la société.

III. — Le parlementarisme.

Il y a un péril social, nul ne peut le nier, à moins d'être aveugle ou de mauvaise foi. On ne saurait insister sans tomber dans des redites.

La France n'est ni athée, ni socialiste, et cependant elle suit un double courant qui l'entraîne à l'athéisme et au socialisme.

Comment donc se fait-il qu'elle ne puisse réagir dans le sens de sa tradition, de ses aspirations, de ses intérêts véritables? Ce peuple n'est-il pas maître de lui-même? Il a renversé les pouvoirs personnels; il a le bulletin de vote, le suffrage universel direct, expression de sa souveraineté. Le Parlement n'est-il pas fait pour représenter la volonté nationale?

En théorie, sans doute; en fait, nullement.

Là précisément se trouve l'obstacle qui empêche la France de reprendre possession d'elle-même. Cet obstacle, c'est le régime appelé le *Parlementarisme*. Sous des formes diverses, il est la base de toutes nos constitutions depuis un siècle; inventé par les philosophes du xviii° siècle d'après une fausse imitation de la constitution anglaise, implanté par la Révolution en France, d'où il a envahi l'Europe, le Parlementarisme est essentiellement le régime politique moderne.

On peut définir le Parlementarisme un système politique suivant lequel un pays délègue, pour un temps

déterminé, des pouvoirs illimités, à un certain nombre
d'individus dispensés de justifier d'une compétence spéciale et affranchis de toute responsabilité dans l'accomplissement de leur mandat.

Lorsque les actionnaires d'une société industrielle
nomment leurs administrateurs et directeurs, ils choi-
sissent, autant que possible, des hommes compétents et
capables de bien mener l'affaire. Ces mandataires sont
responsables de leurs fautes sur leur fortune personnelle, et, chaque année, ils présentent le compte de leur
gestion à l'assemblée souveraine.

Il n'en va pas de même en matière politique, pour la
gestion des affaires du pays. Les élections consistent à
faire des élus autant de petits souverains, investis, par le
fait même, d'aptitudes universelles, et à l'abri de toute
revendication de la part de leurs commettants.

Nous allons voir que cet état de choses est la conséquence forcée du mode électoral actuel qui est basé sur
la circonscription territoriale.

Au point de vue de la compétence, il est évidemment
impossible de choisir des spécialistes.

Au Conseil municipal, comme au Conseil général,
comme à la Chambre ou au Sénat, l'élu de la majorité
représente à la fois les intérêts les plus divers de la circonscription : l'agriculture, le commerce, l'industrie, les
sciences, les lettres, la banque, la magistrature, l'armée,
l'enseignement, le culte.

M. le marquis de la Tour du Pin, qui me pardonnera
certainement de m'approprier beaucoup de ses idées, a
fait de ces anomalies électorales une peinture si fine et si
vraie que je voudrais citer son article tout entier. On le
trouvera dans la Revue l'*Association catholique* (1) ; je
veux seulement transcrire quelques lignes qui jettent
une note gaie dans ce sujet peu divertissant.

Cette maison, située dans un des bons quartiers de Paris,
je l'habite depuis vingt ans; pourtant je n'y ai pas encore

1. Décembre 1891, *Comment on est citoyen*. La Tour du Pin Chambly.

exercé mes droits d'électeur, et voici pourquoi : je n'en connais même de nom aucun des autres habitants, pas même le
propriétaire, qui a changé, je crois, plusieurs fois depuis que
je suis locataire. Je n'ai de rapport qu'avec le portier, et encore
ne suis-je pas fixé sur ses opinions politiques, sociales, ni
économiques, de sorte que je ne saurais dire s'il nous serait
facile, à lui et à moi, de nous accorder sur le choix d'un
représentant commun, d'un tiers qui agirait dans l'exercice
de nos droits politiques que nous lui déléguerions, comme
chacun de nous agirait lui-même. Et si au prix de quelques
sacrifices réciproques nous trouvions ce tiers, cette représentation sensiblement adéquate à chacun des représentés,
ce serait une heureuse chance qu'il ne faudrait pas diminuer
en cherchant à introduire une quatrième personne dans notre
syndicat.

Serait-ce (je suppose leur existence, car, encore une fois,
je l'ignore,) serait-ce le banquier juif du premier étage, ou le
dentiste américain du second, l'épicier retiré du troisième,
ou l'un des cochers du quatrième ? A côté de moi, il y a, au
rez-de-chaussée, des nègres, mais je ne les connais pas, et
n'en saurais donc parler, car il y a nègre et nègre, comme
vinaigre et vinaigre ; et ceux-ci paraissent d'un cru fort dis-
tingué.

. . . .

Cette difficulté à exercer par délégation nos droits de citoyen
dans un collège électoral ainsi déterminé m'ayant paru insur-
montable, j'y renonçai comme électeur, mais je me demandai
si je ne pourrais pas rentrer dans ma part des conquêtes de
1789 à un autre titre, celui d'éligible, car, enfin, les gens
pouvaient être moins difficiles que moi dans le choix de leur
représentant. Mais je ne pus parvenir à me figurer comment
je pourrais bien les représenter, car, enfin, représenter quel-
qu'un pour une affaire, comme pour une cérémonie, s'est s'y
comporter comme il le ferait lui-même. Or, comment me comporter, à la fois, dans une circonstance donnée, en banquier
juif, en dentiste, en épicier retiré, alors surtout que l'un est

libre échangiste, l'autre libre-penseur, l'un protecteur de l'agriculture, l'autre d'une danseuse, etc. ? Sans compter les palefreniers qui ne voient probablement pas les choses du même œil ; car, autre est le coup d'œil sur un siège de séna teur auquel les premiers peuvent prétendre, que sur un siège de cocher qui fait l'ambition de ceux-ci.

Il est clair que, dans un pareil état de choses, la condition d'une compétence spéciale serait en opposition avec le mandat lui-même, puisque ce mandat embrasse l'universalité des intérêts.

Aussi les résultats électoraux sont-ils en dehors de toute corrélation avec la répartition numérique du corps électoral envisagé au point de vue des professions.

Prenons comme type la représentation nationale.

On a fait une démonstration graphique ingénieuse, figurant l'importance numérique du groupement professionnel comparativement aux professions des membres du Parlement.

A la base, on place l'agriculture qui, par son importance et le nombre des électeurs qu'elle intéresse, constitue l'immense majorité dans le pays. Puis, dans une proportion décroissante, on rencontre l'industrie, puis le commerce, puis les professions libérales telles que celles de médecin, professeur, etc., puis les fonctions publiques magistrature, administration, etc., enfin les carrières spécialement ouvertes à la politique, journalisme, barreau, etc. (1) En examinant, suivant le même ordre, la répartition des professions dans le parlement, on trouve à peu près la même figure, seulement elle est renversée (2).

1. On obtient ainsi à peu près la figure suivante :
Carrières politiques.
Fonctionnaires.
Professions libérales.
Commerce.
Industrie.
Agriculture.
2. Carrières politiques.
Fonctionnaires.
Professions libérales.
Commerce.
Industrie.
Agriculture.

Sans donner à ces calculs la valeur d'une preuve mathématique, on peut leur reconnaître l'avantage de rendre sensible l'anomalie d'une représentation nationale à l'envers de la structure économique du pays (1).

Au surplus, la démonstration est superflue, alors que la composition même des ministères qui se succèdent dénote un mépris absolu de toutes les idées reçues en matière de compétence, et que la guerre, la justice, les affaires étrangères, l'intérieur, la marine, le commerce ou les cultes peuvent indifféremment passer d'une main à l'autre.

Dispensés de compétence, nos représentants sont également affranchis de responsabilité. C'est un des dogmes du parlementarisme. L'article 13 de la Constitution de 1875 a pris soin de le constater expressément.

« Aucun membre de l'une ou de l'autre Chambre ne peut être poursuivi ou recherché à l'occasion des opinions ou des votes émis par lui dans l'exercice de ses fonctions. »

Cette immunité paraîtrait étrange, si elle ne s'expliquait par la nécessité historique de mettre les hommes publics à l'abri des revirements politiques. Faible garantie contre les vengeances et les haines de partis, elle est, en revanche, un rempart impénétrable contre les justes réclamations des intéressés envers leurs mandataires infidèles. N'a-t-il pas même été question d'en faire une défense contre la poursuite pour crimes de droit commun ?

Chose étonnante ! Dans les moindres sociétés financières, les administrateurs sont responsables de leurs fautes sur leurs biens propres, et alors qu'il s'agit de la fortune morale et matérielle de la nation, les représentants qu'elle s'est donnés n'ont de comptes à rendre à personne de leur gestion.

Ils ne relèvent que de leur conscience ! On sait ce que valent les jugements de ce tribunal !

Cependant il est un genre de responsabilité dont certaines révélations peuvent faire apprécier le caractère.

1. L'idée de ce graphique est empruntée à une importante étude de M. Demolins dans la *Science Sociale* de janvier 1889.

Voici la proposition qui a été votée sur l'initiative de M. Blatin, à la séance du convent maçonnique du Grand Orient du vendredi 18 septembre 1891.

« Le Convent maçonnique invite le Conseil à convoquer à l'hôtel du G∴ O∴, chaque fois que cela lui semblera nécessaire, tous les membres du Parlement qui appartiennent à l'Ordre, afin de leur communiquer les vœux exprimés par la généralité des maçons, ainsi que l'orientation politique de la Fédération.

« Après chacune de ces réunions, le Bulletin publiera la liste de ceux qui se seront rendus à la convocation du Conseil de l'Ordre, celle de ceux qui se sont excusés, celle de ceux qui auront laissé l'invitation sans réponse.

« Ces communications officielles du G∴ O∴, ainsi que les échanges de vues qui les suivront, deront être faites dans un de nos temples, sous la forme maçonnique, au grade d'app∴, le Conseil de l'Ordre dirigeant les travaux, les invités se tenant sur les colonnes. »

(Suit l'indication des revendications à poursuivre, entre autres la suppression des congrégations religieuses.)

Cette proposition est votée à l'unanimité (1).

Il est impossible de nier la portée de ce document. Voilà qui est nettement dit.

Les députés relevant du Grand Orient sont astreints à suivre *l'orientation politique* de l'Ordre, ils sont mandés officiellement devant le Conseil, et ils doivent rendre compte de leurs votes.

C'est le mandat impératif dans toute son étendue.

En réalité donc, c'est la Franc-Maçonnerie qui est représentée à la Chambre et non la nation. Il en résulte que les différents ministères qui se succèdent sont tous sans exception composés d'une majorité de membres appartenant à cette société secrète.

---

1. V. l'ouvrage si important de M. G. Bois : *La Maçonnerie nouvelle du Grand Orient* (Retaux), p. 259.

Du reste, en suivant de près, à la faveur des documents authentiques, les travaux des loges et des convents, il est impossible de ne pas reconnaître dans les actes du Parlement, depuis une douzaine d'années, la réalisation des vœux émis, et des instructions données dans ces réunions occultes.

Et c'est là surtout que se manifeste le caractère décisif du régime parlementaire, c'est-à-dire le despotisme. Il n'est rien d'absolu, de brutal, comme le vote d'une majorité. C'est la force aveugle, fatale, implacable, comme le Destin antique.

Nous l'avons vu plus haut à propos des lois de laïcisation. Nul raisonnement, nulle considération d'intérêt public, nulle démonstration de toute évidence ne peut triompher du parti pris. Le scrutin fonctionne avec la précision d'une machine mise en mouvement dans une direction déterminée, que rien ne peut modifier.

On s'explique la formidable puissance d'un pareil instrument dans la main d'un parti qui sait le diriger. Il n'est pas de despote, d'autocrate qui puisse réaliser au même point l'absolutisme du pouvoir.

Un homme est toujours un homme; il a ses passions, ses faiblesses, mais il est accessible à la pitié, à l'amour, à la crainte même! Une majorité est sans entrailles, sans oreilles et sans cœur, par cela même qu'elle est une collectivité anonyme. Ce n'est pas à dire qu'elle ne puisse céder à certains entraînements généreux, à certains revirements salutaires sous l'influence d'une parole éloquente, d'un événement public. Mais ces mouvements sont rares et éphémères, et toujours l'intérêt personnel prend le dessus.

L'intérêt personnel, voilà le mobile universel. Les hommes sont ce qu'ils sont. Il faut bien prendre les moyens efficaces pour arriver au pouvoir et s'y tenir. La belle avance, si par amour des principes on rate son élection ou si on perd son siège; quel service peut-on rendre à son pays si on n'a pas le pouvoir? La meilleure manière est encore de se mettre du côté de la majorité. C'est là tout le secret de l'opportunisme.

Il n'est pas difficile de comprendre que dans un pareil système une seule puissance domine toutes les autres, celle de l'argent.

Sauf quelques exceptions, il faut de l'argent, beaucoup d'argent pour arriver. Le désintéressement est une belle chose, mais il est d'un poids léger dans les luttes électorales. Or, quand on a fait de fortes avances, il est assez naturel de vouloir rentrer dans ses fonds. Les occasions se présentent; les tentations sont nombreuses, pressantes; les bonnes raisons ne manquent pas. La première de toutes est la raison d'Etat: on ne fait rien avec rien; plus on veut faire grand, plus il faut grossir ses moyens d'action; après tout, on s'est dévoué à la cause commune, c'est bien le moins que l'on accepte quelques légères compensations à son sacrifice.....

Inutile d'insister. Tout ce que j'ai voulu dire, c'est que ces choses sont inhérentes à la nature même du système, et qu'elles se produisent partout où le système est en vigueur.

Que deviennent, au milieu de tout cela, les intérêts représentés? La situation morale et matérielle du pays répond amplement à cette question.

Je ne voudrais pas passer pour un détracteur de mon temps, et nier l'immense essor du génie humain à la faveur des progrès scientifiques. Je sais tout ce qu'il y a de vitalité, de générosité dans le cœur de la France, tout ce qui s'est accompli de sacrifices, de persévérants efforts parmi les catholiques; tout ce que notre pays a déployé de vigueur et d'énergie à se relever de ses malheurs, tout ce qu'il y a de bravoure dans l'âme de nos soldats, de patience et de labeur dans le tempérament de nos paysans.

Mais qui ne se rend compte de l'état de nos finances, de notre commerce, de notre industrie, de la gêne croissante des populations rurales, de la désorganisation de la famille, du trouble profond qui règne dans le monde du travail?

Qui oserait soutenir que les âmes sont sereines, que les situations sont stables, que le lendemain est assuré, et que la France traverse une ère de prospérité?

Il n'y a que les discours ministériels pour jouer cet air de convention, tandis que les majorités applaudissent en répétant chaque fois : « Quels farceurs ! »

J'entends dire autour de moi qu'il est un certain groupe néfaste de pamphlétaires qui ne respecte rien, dévoile les turpitudes, met à nu toutes les hontes, jette à la risée et au mépris public les hommes et les choses, fait appel à la guerre religieuse et à la guerre sociale.

En vérité, je me demande où nous en serions si ce mouvement d'assainissement moral n'avait été provoqué, d'une façon quelque peu brutale, mais juste, en somme. Alors, sans doute, nous aurions continué de vivre, de marcher, de danser, de dormir sur cette pourriture ; alors le chancre se serait développé à son aise, et aurait peu à peu absorbé ce qu'il restait de parties saines dans le corps social ; jusqu'au jour de la dissolution subite.

C'était là sans doute le rêve de ceux qui crient au scandale.

Eh bien ! non, dans les maladies graves, quand tout n'est pas fini, la médecine énergique sait à point provoquer le vomissement.

C'est ce que fait Drumont, c'est ce que font aussi tant d'écrivains courageux, tant d'orateurs vigoureux qui combattent sinon avec lui, du moins pour la même cause, et nous devons les en remercier, dussions-nous recevoir quelques éclaboussures sur nous et sur nos amis.

Nous sommes *enjuivés*, c'est incontestable. Mais à quoi cela tient-il, sinon au régime individualiste et bourgeois issu des principes de 89, suivant lequel, sous prétexte d'égalité, il n'y a plus de prépondérance que par l'argent, et, sous prétexte de liberté, tous les moyens sont permis pour accumuler l'argent.

Comme en cette matière les Juifs ont sur les Chrétiens une supériorité historique, ce régime est essentiellement le leur. A la faveur des coups de bourse, des accaparements de denrées, des courtages, des mouvements factices de hausse et de baisse, de cette multitude innombrable de combinaisons financières basées sur l'usure et exclusives de tout travail productif, ils sont devenus les maîtres du monde, étant les maîtres de l'argent. Ils ont des palais princiers, des chasses royales. Ils donnent des fêtes féeriques et font pénétrer partout la recherche des jouissances les plus raffinées ; par eux, la vie sociale s'est matérialisée, on ne calcule que par millions ; tout ce qui ne se paie pas au poids de l'or ne compte plus. Au milieu de ce luxe effréné, les vieilles fortunes patrimoniales s'effondrent ; la ruine entraîne d'autres chutes ; hommes et femmes vendent leur honneur ou disparaissent ; il n'y a de choix pour l'aristocratie de naissance qu'entre la corruption ou l'écrasement.

Au surplus, que parle-t-on d'aristocratie de naissance ? Depuis 89, il n'y a qu'une aristocratie, celle de l'argent. Les grands seigneurs qui se compromettent avec les Juifs ne sont, en somme, que des bourgeois qui s'amusent. Quant aux pauvres gentilshommes qui veulent garder leur honneur, ils ont tout au plus la valeur des vieilles toiles de musée. Aujourd'hui, il n'y a de privilège que la richesse, il n'y a de dieu que le Veau d'or.

Tout le secret du trouble social est là ; c'est un système d'ensemble où tout se tient et s'enchaîne, c'est un régime dont la formule économique est le *capitalisme*, et la formule politique le *parlementarisme*.

Contre ce colosse à deux têtes, toutes les résistances, toutes les armes s'émoussent. Il est désespérant de voir tant de courage, tant de sacrifices d'argent, tant de dévouements dépensés en vain, étouffés et perdus dans ce régime infâme et corrupteur qui pénètre jusqu'aux moelles notre vieille société française.

Il n'y a qu'une puissance qui puisse renverser l'idole ; c'est celle qui l'a inconsciemment dressée à la fin du siècle dernier, c'est la puissance populaire elle-même.

IV. — L'organisation professionnelle.

L'expérience aidant, le peuple commence à comprendre que le parlementarisme n'est qu'une duperie ; qu'au lieu d'assurer la défense des intérêts populaires, il n'est que la forteresse du capitalisme. Il a fallu du temps pour cela ; mais la comédie dure encore.

Une seule loi importante au point de vue des intérêts du travail a été votée depuis vingt ans, la *Loi sur les syndicats professionnels*, et encore avec quel luxe de précautions contre une organisation sérieuse et quel manque d'esprit pratique ! Depuis, on a vu passer quelques dispositions telles que la loi sur le travail des femmes et des enfants, sur les délégations de mineurs, sur les prud'hommes ; mais ce qu'on a vu surtout se succéder, ce sont des myriades de projets, de rapports, de commissions, d'enquêtes, de propositions de lois. De tout cela, rien n'aboutit, parce que tout est conçu suivant le même esprit d'individualisme étroit et de centralisation administrative qui fausse les meilleures intentions. Ce qui caractérise ces élucubrations, c'est une absence complète de plan d'ensemble et une méconnaissance absolue du bienfait de l'association entre le capital et le travail, entre le patron et l'ouvrier, et de la fécondité des groupements professionnels.

C'est là cependant que se trouve la solution vraie du problème posé par le capitalisme ; c'est là le véritable terrain sur lequel il est possible d'aller au peuple sans éveiller ses défiances ou contrarier ses tendances légitimes.

Le travail est la loi commune de l'humanité ; il peut être plus ou moins pénible, plus ou moins lucratif, plus ou moins indispensable à la vie, et peut se présenter sous des formes diverses, occuper soit le corps, soit l'intelligence seulement, soit les deux ensemble. Le travail est la justification du droit de propriété individuelle, le capital est défini avec raison « du travail accumulé ».

Qu'est-ce que la profession, sinon le genre spécial de travail auquel chaque homme applique ses facultés?

Selon l'ordre naturel des choses, c'est par son travail que l'homme donne la mesure vraie de sa propre valeur, c'est dans la profession de chacun que cette valeur se manifeste, c'est par la profession que l'homme cesse d'être une simple unité sociale, c'est la profession qui est la véritable mesure comparative de valeur entre les hommes.

C'est donc en rendant au travail sa place légitime que l'on peut rétablir l'ordre social troublé par la prépondérance excessive du capital, et c'est en donnant à la profession son rôle politique que l'on peut obtenir une représentation sincère des intérêts collectifs et particuliers.

Quelle forme pratique donner à ce principe ? Voilà le point délicat, car, s'il est facile de critiquer ce qui est, il est malaisé de créer de toutes pièces un système complet et de mettre en mouvement tout un mécanisme social ; la critique a beau jeu contre les conceptions d'organisation politique que l'on traite volontiers d'utopies.

Mais il n'y a pas d'utopie alors que le système se base sur la nature même des choses et sur les besoins d'une société réelle et non fictive.

La première entité sociale, après la famille, c'est la commune, c'est-à-dire l'agglomération déterminée par le domicile.

La commune a sa vie propre, et c'est là que doit fonctionner tout d'abord la représentation des intérêts. Il y a une distinction à faire entre la commune urbaine et la commune rurale.

Dans celle-ci, les intérêts sont généralement similaires et se rattachent à la culture du sol. Nul inconvénient donc à ce que la représentation communale se fasse au suffrage direct, à condition qu'il soit tenu compte de deux éléments, le domicile et la propriété, et que les familles privées de leur chef soient représentées, c'est-à-dire qu'un certain droit de vote soit donné aux femmes ou aux tuteurs.

Dans les agglomérations urbaines, les intérêts sont multiples, et la logique même demande que les affaires publiques soient gérées par les délégués des collectivités professionnelles. C'est là que les groupements sont faciles à organiser ; il suffit de substituer à la liste soit unique, soit par quartier, la liste des catégories de professions similaires, de telle façon que le Conseil communal constitue non pas un parlement au petit pied, accessible à toutes les rivalités ambitieuses, mais la véritable expression de le vie de la cité.

Au-dessus de la commune, il y a le canton ou district, qui répond à une idée de relations locales, et qui est comme une ville composée de plusieurs villages, et occupant un plus grand espace. Le canton comporte une certaine organisation représentative.

Mais la véritable circonscription régionale, c'est la *Province*, cette étendue de territoire dans laquelle se maintient une réelle affinité de coutumes, de mœurs, de traditions ; expression géographique tellement conforme à la nature, qu'elle a, malgré tous les efforts officiels, survécu à la division arbitraire et factice du département. La province a ses institutions, ses académies, ses corps judiciaires, administratifs, ses transactions commerciales, ses voies de communication, ses finances propres. La province doit avoir sa représentation.

Là encore il est facile de concevoir l'organisation de cette représentation au point de vue professionnel, par des Chambres spéciales ayant un fonctionnement tantôt séparé, pour les questions particulières à la profession, tantôt commun pour les questions régionales.

Vient enfin la représentation nationale, celle où sont discutés des intérêts généraux du pays, soit à l'intérieur, soit à l'extérieur. Ici, la profession a un rôle moins déterminé, parce que les questions vitales ont été traitées à la province ; mais l'organisation professionnelle, développée par la vie provinciale, a une influence tellement prépondérante sur la composition des corps élus, que la représentation nationale n'est plus que l'émanation naturelle de cette organisation elle-même,

Il est clair que je ne puis entrer ici dans le détail d'un mécanisme dont tous les rouages doivent concourir au fonctionnement de l'ensemble. Je ne puis que tracer les grandes lignes de cette hiérarchie représentative, qui ne serait après tout que la coordination logique du suffrage universel.

Mais tout ce qui précède suppose déjà une certaine organisation professionnelle dont il n'existe aujourd'hui que de rares éléments, tels que les conseils de prud'hommes, les chambres consultatives, les caisses mutuelles, et, prochainement, les conseils d'arbitrage. Ces diverses institutions tendront nécessairement à se compléter, à se perfectionner ; ce n'est qu'à la longue que la société moderne pourra se remettre du mal de l'individualisme, et que les différents corps d'état auront leurs lois spéciales, leur juridiction, leurs institutions économiques, et, comme conséquence naturelle, leur représentation à la commune et à la province.

Cette tendance se manifeste surtout dans l'agriculture, la force vitale du pays, toujours oubliée, toujours victime des fausses doctrines économiques ou des préoccupations politiques. C'est là que le besoin de protection a provoqué une heureuse réaction contre les expériences désastreuses du libéralisme, et que l'utilité de l'association s'est révélée par la fondation d'une foule de syndicats agricoles, dès la promulgation de la loi de 1884 ; c'est dans l'agriculture que, dès maintenant, on pourrait le plus facilement réaliser l'idée de la représentation professionnelle.

La question a été très nettement posée dans la dernière session de la *Société des Agriculteurs de France*, et le remarquable rapport présenté par M. Delalande auquel j'emprunte les détails qui suivent, en donne un exposé très complet.

La loi du 28 mars 1851, votée par l'Assemblée nationale, avait pour la première fois donné satisfaction aux vœux des populations rurales en leur accordant une représentation élective. Elle établissait dans chaque arrondissement des Comices composés de propriétaires et cultivateurs domiciliés dans la circonscription. Ces Comices nommaient les Chambres d'agriculture départementales qui se réunissaient périodiquement et étaient consultées, dans des cas déterminés. A leur tour, ces Chambres nommaient chacune un membre du Conseil général d'agriculture au sein duquel étaient traitées les questions d'intérêt général.

Cette loi votée en un temps où les idées de sage organisation ont joui d'une certaine faveur, réalise en partie le système de la représentation professionnelle, et montre une application pratique de ce qui pourrait être fait sur des données plus complètes.

Malheureusement, le régime centralisateur du second Empire étouffa dès le principe cette première tentative. *Le décret du 25 mars 1852 sur l'organisation des Chambres consultatives et du Conseil général de l'agriculture* substitua les Chambres départementales, et remit au préfet le choix des membres chargés d'y représenter le canton. C'en était fait de la représentation agricole ; encore une fois les calculs de la politique l'emportaient sur les intérêts sociaux.

Depuis cette époque, la législation n'a pas changé, mais les revendications de l'agriculture n'ont pas cessé de se produire. Le rapport de M. Delalande nous en fait suivre toutes les phases, et nous montre avec quelle persistance les défenseurs de nos intérêts nationaux ont lutté contre l'inertie et la mauvaise volonté des pouvoirs publics.

Aujourd'hui, le Parlement est saisi de quatre propositions de loi ayant toutes pour objet la formation de corps électoraux en vue de la nomination des Chambres d'agriculture, jouissant de la personnalité civile, du droit d'acquérir et de posséder, et d'une certaine autorité consultative pour tout ce qui concerne l'agriculture.

Sans doute il est à craindre que ces projets ne restent à l'état de lettre morte, à cause de la routine et de l'impuissance parlementaire, mais ils ont pour nous la valeur d'une démonstration pratique de la nécessité d'une représentation professionnelle (1).

La représentation des intérêts à la commune et à la province, voilà le principe, mais il faut aller plus loin, et se demander si cette représentation pour être sérieuse, ne comporte pas le *mandat impératif*, et, dans certaines circonstances, le *referendum*.

Le *mandat impératif* est généralement considéré comme une des thèses les plus avancées des programmes radicaux; les partis dits conservateurs ont là-dessus des idées très arrêtées. Ils le considèrent volontiers comme une atteinte portée à la dignité des représentants.

Si le député, dit-on, n'est que le porte-voix de ses électeurs, les discussions parlementaires sont inutiles, puisque les membres du Parlement sont exclus du droit de modifier leurs convictions sur quoi que ce soit. Il est certain que le mandat impératif est la mort du parlementarisme, car il enlève aux députés cette portion de souveraineté si provocante pour les ambitions, si favorable à la puissance bourgeoise.

Cette indépendance suprême du député est une innovation qui date de la Constituante de 1789. Les *cahiers* dont les représentants des trois ordres étaient porteurs aux Etats généraux n'étaient autre chose que des mandats impératifs; ils contenaient les doléances et les vœux de la

1. Voir, sur la représentation professionnelle dans l'Agriculture, un récent article de M. de la Tour du Pin dans l'*Association catholique* du 15 mars 1893.

nation; les Constituants ont été au delà de leur mandat en se formant en assemblée souveraine. De ce jour, le parlementarisme était fondé, mais la représentation nationale était faussée dans son institution même.

On a substitué aux *cahiers* émanés des électeurs, les *professions de foi* rédigées par les candidats. Il existe entre les deux actes la même différence qui distingue l'acte synallagmatique de la promesse unilatérale. L'histoire de ce siècle a montré ce que valait celle-ci.

Dans la représentation professionnelle, la rédaction du *cahier* (1) est naturelle; c'est par le cahier que le délégué est réellement l'organe de la collectivité qu'il représente, et la nécessité de mettre en lumière les vœux de ses commettants laisse encore d'amples occasions au député pour révéler ses talents.

Le *referendum* est une garantie contre l'abus du mandat, et permet, dans certaines circonstances, de faire un appel direct à l'opinion. Que de fois on voit des mesures prises par le Pouvoir, contrairement au sentiment du plus grand nombre. mesures qui s'imposent parce qu'il n'existe aucun moyen de les combattre, et qui subsistent, en définitive, par la force du fait accompli.

Supposons que la loi autorise un certain nombre d'intéressés à provoquer une consultation de la collectivité sur les questions qui la touchent : Ainsi, la commune, sur la laïcisation des écoles ou des hospices, sur la construction des établissements publics, le tracé des chemins, ou bien la province, sur l'adoption d'un réseau de voies de communication, ou même le pays tout entier sur certaines lois d'intérêt général. Cette pratique n'aurait rien d'imaginaire; elle était en usage dans nos anciennes coutumes, pour les affaires locales, en un temps où l'on parlait moins de démocratie, mais où l'on savait mieux respecter les droits du peuple. Elle est appliquée de nos jours, dans les pays les plus jaloux de leur liberté.

---

1. Il va sans dire que l'on peut adopter un mot plus moderne, si l'on y tient. Cependant le mot *cahier des charges* n'a pas vieilli.

Elle fonctionne même parfois à un point de vue uniquement professionnel. Ainsi, récemment en Angleterre, la question de la journée de huit heures avait été acceptée en principe par le congrès des *trade's unions*. Mais la majorité de l'assemblée avait laissé à chacune des associations représentées, le soin de se prononcer *pour* ou *contre* l'obligation. Les mineurs du Comté de Durham qui forment un groupement de quarante mille travailleurs, ont soumis la proposition au *referendum* : il y a eu 12.684 voix pour l'obligation et 28.217 voix contre, et la question a été ainsi tranchée.

Le *referendum*, c'est le *consensus populi* qui donne la sanction à la loi ; c'est le recours contre l'arbitraire et l'emportement des partis. Assurément, comme toute chose humaine, le *referendum* a ses dangers. Il doit être entouré de précautions sages, soumis à des formules nettement définies ; organisé de manière à être une expression sincère des intérêts consultés.

Mais, le meilleur éloge à faire de cette réforme, c'est qu'elle est vivement combattue par les tenants du parlementarisme révolutionnaire. Leur système est de se servir du peuple pour prendre le pouvoir qu'ils n'ont pas, et de se passer du peuple pour exercer le pouvoir quand ils le tiennent. Les élections leur suffisent ; c'est leur terrain favori ; ils se sentent moins à l'aise devant la consultation populaire. parce que là, il faut procéder par formules claires et questions précises.

L'aversion des opportunistes, à l'égard du *referendum* suffirait pour l'indiquer comme une solution désirable.

Cette aversion, du reste, se manifeste d'une façon non équivoque contre le système tout entier de la représentation professionnelle. Opportunistes, radicaux, libéraux de droite ou de gauche, tous les doctrinaires de la Souveraineté du Peuple, combattent cette idée comme attentatoire au principe sacré du Suffrage universel.

Nous étudierons plus loin la question à ce point de vue ; mais, pour l'instant, ce qu'il convient de noter, c'est cette opposition même qui est la meilleure preuve de l'excellence du système.

Toute la puissance de ces hommes réside précisément dans le régime dont nous avons constaté les effets désastreux. C'est à la faveur des entraînements passionnés de la politique, des préventions et des haines anti-religieuses, qu'ils dirigent les élections à leur profit, et faussent l'expression de la volonté nationale.

Une forte organisation professionnelle ayant sa représentation politique, serait la ruine de tous les parasites, aussi bien de ceux qui vivent de la politique que de ceux qui vivent de l'agiotage. La France est la proie de ces parasites dont le Juif est le type par excellence. Le jour où le travail sera rétabli dans ses droits, la France sera réellement rendue à elle-même ; elle rentrera sans secousse dans la voie de ses traditions glorieuses, et reprendra sa mission providentielle dans le monde (1).

1. Les événements de Belgique ont donné à ce travail un caractère d'actualité qui en a quelque peu dénaturé l'esprit.

L'exposé qui précède a été critiqué comme présentant une invention plus ou moins ingénieuse en vue de réformer le suffrage universel. Ce n'est ni une invention ni un système, c'est le développement d'une idée simple, qui consiste dans le groupement des hommes, non seulement suivant leur résidence, mais aussi suivant leur état.

Il s'agit ici non pas d'imaginer une constitution nouvelle, ni de combiner les rouages d'une organisation factice, mais de prendre l'homme dans le plein fonctionnement de sa vie sociale : ce qui importe n'est pas le mode de votation, mais le principe sur lequel doit être fondée logiquement la représentation populaire.

On peut se demander comment une idée si féconde et si simple en même temps, n'a pas plus de crédit dans le monde où l'on pense, où l'on travaille pour la défense de la société. Qu'elle soit antipathique aux gens qui vivent de l'état maladif où nous sommes, cela se comprend, et leur silence, leurs attaques ou leurs sarcasmes sont des actes de défense personnelle.

Mais ceux qui veulent sincèrement la paix sociale, ceux qui appellent les réformes utiles, d'où vient leur indifférence en pareille matière?

Dans le monde politique, on ne voit que l'événement prochain, on ne se préoccupe que des chances des luttes électorales. Il est même question de fortifier le régime parlementaire en lui donnant la perpétuité du renouvellement triennal.

Au point de vue théorique, on recherche surtout le moyen d'assurer, par des combinaisons plus ou moins ingénieuses, la représentation des minorités (1). Ce sont des systèmes de groupement, sans doute, mais toujours basés sur le terrain politique, et, par suite, ne tenant pas compte de l'intérêt professionnel qui est le vrai.

A l'étranger, où les préoccupations politiques sont moins absorbantes, la question est peut-être mieux com-

____

1. *Rev. des Institutions et du droit*, fév. 92. — *Réforme sociale*, fév. 90.

prise. Elle a été traitée d'une façon très frappante par M. Ernst Schneider, député au Reichsrath d'Autriche, dans une conversation publiée par la *Libre parole* du 9 septembre 92.

Voici ce passage :

Je questionnai M. Schneider sur les dispositions des classes ouvrières et sur les changements que pourrait apporter l'introduction du suffrage universel, hypothèse du reste invraisemblable pour le moment.

— Le suffrage universel, me dit-il, est une illusion, car les gens ne sont pas représentés. Combien avez-vous d'artisans au Reichsrath ? Il y en a deux : un antisémite de la nuance Schœnerer et moi. Les classes ouvrières sont représentées par des médecins, des avocats, des propriétaires, c'est-à-dire qu'elles ne sont pas représentées du tout.

La représentation actuelle est un mensonge, et le suffrage universel en est un autre. Je le regarde, d'ailleurs, comme un outil aux mains du capitalisme qui est seul à conserver sa force dans cette dispersion, dans cet émiettement des forces qu'on appelle suffrage universel et qui aboutit, en somme, à l'écrasement général par le capitalisme.

Voyez en France : pouvez-vous dire que la démocratie est représentée ? Voyez en Allemagne : imaginez-vous quelque chose de plus ridicule que ces ouvriers représentés par Singer, juif, millionnaire je ne sais combien de fois, et d'ailleurs exploiteur féroce des ouvriers et des ouvrières ?

Ce qu'il faut, c'est une représentation des corps d'états. Il faut que chaque métier, avec une organisation corporative, nomme son président, et son président sera son représentant au Reichsrath. Ainsi, les mécaniciens auront un homme de leur métier au Parlement, et l'on ne verra plus des tailleurs, des menuisiers, des maçons représentés par un banquier ou un grand propriétaire rural. C'est la seule représentation vraie : les autres sont des mensonges. Et remarquez que dans ce système tout le monde vote.

Remarquez aussi qu'avec une pareille représentation, le Parlement devient un corps sérieux, capable de régler avec connaissance des affaires sérieuses. Tandis que tous les Parlements actuels vivent dans la déclamation vague, dans la politique en l'air, ne réglant d'autres intérêts que ceux du capitalisme. C'est la force des choses.

Les catholiques belges se sont nettement placés sur ce terrain, dans leur projet de réforme électorale. Voici un passage très remarquable du rapport présenté par le docteur Hellepute à l'appui de ce projet.

On aura beau étendre plus ou moins le corps électoral actuel, restreindre plus ou moins celui que donnerait le suffrage universel dit « pur et simple », on ne saura jamais justifier aux yeux de la raison la ligne de démarcation que l'on tracera entre les citoyens d'un même pays, et qui, accordant tous les droits politiques et supposant toutes les capacités aux uns, déniera tout droit politique et contestera toute capacité aux autres. Ce sera, comme aujourd'hui, le règne du désordre, avec peut-être un degré de gravité en plus, résultant du nombre plus grand des électeurs.

Seule, la répartition des électeurs en groupes correspondant à leurs fonctions sociales ou à leurs professions, permettra d'échapper à cette conséquence et de concilier une extension de suffrage, aussi étendue qu'on peut le désirer, avec un véritable progrès dans l'organisation politique et sociale de notre pays.

On l'a fait remarquer bien des fois, la nation ne se compose pas d'une masse de citoyens juxtaposés. Elle se compose d'un ensemble d'organismes distincts, quoiqu'en rapport les uns avec les autres, et dont chacun a une fonction spéciale à remplir.

Une chambre représentative, pour être l'émanation en même temps que l'image fidèle de la nation, doit être formée par les représentants de ces organismes, et non par les délégués de la masse confuse des citoyens.

C'est la justification du système de la représentation des intérêts. Celui-ci a la bonne fortune de n'être combattu en principe par personne, à notre connaissance, tandis que le principe du régime actuel du nombre est à peine encore défendu.

Il semble donc que le moment soit venu d'entrer dans cette voie nouvelle.

Malheureusement, on fait au système de la représentation des intérêts une objection tirée d'une prétendue difficulté.

Nous y répondrons brièvement.

Les intérêts, dit-on, ne sont pas organisés. Comment, dans ces conditions, arriver à les présenter ?

Sans doute, la société est dans un état de désorganisation profond. Les efforts tentés dans ces dernières années pour reconstituer quelques institutions reconnues nécessaires prouvent à la fois l'excès du mal où l'on est tombé et le besoin que l'on éprouve d'en sortir. Mais a l'objection que l'on nous fait, nous répondons qu'une bonne loi électorale serait précisément le moyen le plus efficace d'accélérer la réorganisation que tout le monde désire. Que l'on assure aux professions une part de représentation dans les assemblées publiques, et l'on verra de toutes parts surgir des organisations nouvelles.

On ne saurait mieux dire. Malheureusement, la proposition elle-même ne répond pas à l'exposé des motifs, Elle imagine une répartition purement fantaisiste des électeurs en trois groupes correspondant au *capital*, au *travail*, aux *professions libérales* ou *intellectuelles*. Cette classification d'école substituée au groupement naturel des corps d'états, a enlevé au projet son caractère utile et pratique, et l'a condamné à l'impuissance.

En France, la politique domine toutes les questions électorales. Cette idée de la représentation professionnelle, si simple, si conforme à la logique des choses, est à peu près ignorée du public.

Les programmes électoraux, rédigés sous l'influence des passions politiques, négligent cette revendication, la seule efficace pourtant, car elle serait pour l'ouvrier la meilleure protection contre la domination du capital.

Le fameux *Programme de Belleville* rédigé en 1869 sous le nom de *Cahier de l'électeur de Belleville*, comprend à peu près toutes les promesses que les candidats radicaux ont faites de tout temps à leurs électeurs. Gambetta l'a accepté sous la foi d'un serment solennel : « Je fais plus que consentir, a-t-il dit dans sa proclamation. Voici mon serment : JE JURE OBÉISSANCE AU PRÉSENT CONTRAT, ET FIDÉLITÉ AU PEUPLE SOUVERAIN. » On était en 1869. Gambetta n'était alors qu'un petit personnage bouffi d'orgueil et d'ambition. Deux ans plus tard il était riche et puissant; aujourd'hui il a son monument au Carrousel; quant au *cahier* de l'électeur de Belleville, il est passé en d'autres mains, et la défense des intérêts populaires en est toujours à peu près au même point.

On peut parcourir l'un après l'autre tous les programmes des congrès ouvriers qui se sont tenus depuis quinze ans à Paris, à Lyon, à Marseille, à Saint-Etienne, etc., on y trouvera, sous des formes diverses, le même luxe de revendications retentissantes, de propositions subversives, d'attaques contre la religion, le capital, la propriété, de déclamations des écoles socialistes; toujours on verra à la base le suffrage universel confus, désordonné, livré à l'aventure; nulle part un projet sérieux d'organisation de la représentation populaire sur la donnée professionnelle, la seule pourtant qui offre aux ouvriers une véritable garantie contre l'oppression capitaliste.

En ces derniers temps, il semble que dans les milieux ouvriers on commence à s'apercevoir du vide de tous ces programmes, et à se fatiguer de la comédie parlementaire. L'idée de la représentation des intérêts se fait jour dans un plan de réforme moins banal que les autres, celui de M. de Morès.

Je ne veux pas discuter ici son projet de crédit populaire, qui n'est pas non plus précisément banal; mai

je crois que ses deux propositions les plus pratiques
sont celles-ci, qui rentrent tout à fait dans mon plan :

*Représentation des intérêts remplaçant le régime
parlementaire. — Décentralisation administrative.*

Que M. de Morès, à la faveur de la popularité qu'il
s'est faite, produise un sérieux mouvement d'opinion
sur cette double donnée, ce sera la conclusion vraiment
pratique de cette campagne vigoureuse menée par le
groupe dont il est un des chefs avancés, contre le capitalisme cosmopolite et la domination anti-française des
Juifs et des Francs-Maçons.

La presse a été longtemps étrangère à cette conception
pourtant si simple. C'est seulement à la suite du mouvement provoqué par les assemblées provinciales de
1889, dont je vais parler tout à l'heure, que les journaux
commencèrent à s'en occuper sérieusement. Alors on vit
des écrivains, des hommes publics tels que MM. Lock-
roy, Pelletan, Rabbier, Laguerre, Constant, Deluns-
Montaud, ainsi que diverses chambres syndicales et
réunions socialistes, émettre comme des nouveautés des
théories favorables à cette idée.

Au mois de juin 1891, M. Henri Maret écrivait dans le
Radical :

Il faudrait concevoir la représentation nationale de telle
sorte que l'électeur ne votât ni par arrondissement, ni par
département, mais par intérêt, par situation, par compétence.
Au lieu de prendre part dans les partis, c'est-à-dire dans les
ambitions, il devrait choisir des mandataires qui seraient
véritablement ses délégués.

Peut-être y aurait-il à chercher, dans le système des repré-
sentations spéciales. Nos anciens Etats généraux étaient composés de trois ordres : si l'application était erronée, le principe
était juste, et je ne sais pas si, pour connaître la volonté
générale et l'appliquer, une Chambre, composée d'hommes

députés, qui par des ouvriers, qui par des négociants, qui par des industriels, qui par des agriculteurs, ne vaudrait pas mieux qu'une Chambre exclusivement composée d'avocats qui n'ont pas plus de compétence pour juger des intérêts de leurs électeurs que ceux-ci n'en avaient pour choisir l'un plutôt que l'autre, et qui, au lieu de faire des affaires, font ce qu'on appelle de la politique, c'est-à-dire s'injurient et se disputent des portefeuilles.

Récemment, M. Charles Benoît a commencé dans la *Revue Bleue* une suite d'études intéressantes sur la même question. Il cite avec éloge un passage de Bluntschli qui, pour réformer ce que le suffrage universel a d'*anarchique*, propose de « garder, au lieu de les rompre, les unions locales organiques dans la formation des circonscriptions électorales, prenant en juste considération les cultures, les forces variées et les besoins des villes... etc. » M. Ch. Benoît voudrait que la représentation nationale fût l'image fidèle du pays, et il compare le suffrage universel à un « fleuve débordé ». Il répond très bien à l'objection tirée du retour aux classes de l'ancien régime, qu'il ne s'agit pas de former des classes, mais simplement de classer des voix; c'est-à-dire de s'en tenir à la « politique des intérêts ». C'est exactement notre pensée (1).

L'importance de cette idée ne pouvait échapper à l'esprit si clair et si pénétrant de [M. le comte Albert de Mun. A l'Assemblée générale des délégués provinciaux de 1889, il disait :

Vous avez indiqué avec une énergie que double le triste spectacle des maux engendrés, sous le nom de parlementarisme, par le gouvernement des partis et des passions, et l'oppressive domination des majorités numériques, la ferme

---

1. 27 août 1892.

Une revue de création récente, aux allures alertes et franches, la *Terre de France*, (12, rue des Pyramides, Paris), s'est depuis quelque temps préoccupée de cette question, et la traite surtout au point de vue de la fédération des provinces. Voir entre autres le numéro de février 1893.

résolution de chercher dans l'organisation des corps professionnels, autonomes et permanents, la base d'une représentation pourvue des garanties de compétence et de stabilité indispensables à la bonne expédition des affaires publiques.

C'est M. de Mun, qui le premier, je crois, a posé nettement à la Chambre cette grave question de la représentation des intérêts professionnels. A la séance du 20 octobre 1892, au cours de la discussion de la loi sur l'arbitrage, dans laquelle les opportunistes apportaient une antipathie marquée envers toute institution d'où pourrait sortir une certaine organisation spéciale, le député du Morbihan s'exprimait ainsi :

M. le comte Albert de Mun. — ..... Voilà ma première observation.

Il y en a une autre qui ne me paraît pas moins importante : à mes yeux, les comités permanents de conciliation ne sont pas seulement des organes destinés à prévenir les conflits : ils sont, ou du moins ils peuvent être le point de départ, l'amorce si vous voulez, de l'organisation professionnelle qui fait défaut à notre pays et qui est le grand besoin du monde de travail. (C'est vrai ! Très bien ! à droite.)

Que faites-vous quand vous préconisez l'arbitrage ?

Vous n'émettez pas seulement le vœu que les conflits se résolvent pacifiquement, vous faites quelque chose de bien plus grave, d'une bien plus haute portée : vous proclamez publiquement qu'il existe un droit du travail, aussi sacré que celui de la propriété, qui mérite un égal respect, et dont il faudra tenir compte, dans tous les conflits qui viendront à surgir ; et, pour qu'on en tienne compte, il n'y a qu'un moyen, c'est que ce droit soit représenté. Voilà où vous tendez, voilà par où votre loi peut être une loi sociale d'une très grande portée.

Vous vous acheminez progressivement vers cet état de choses : cette représentation des intérêts et des droits du travail qui, seuls ou presque seuls, dans notre pays, n'ont pas de représentation légale.

Il y a bien des hommes qui parlent au nom des ouvriers; il y en a qui, ayant été ouvriers eux-mêmes, ont plus facilement que d'autres la confiance de leurs camarades; mais il n'y a personne qui puisse se dire représentant de telle ou telle profession; il n'y a pas de corps constitués qui puissent s'attribuer ou auxquels on puisse reconnaître le pouvoir de représenter officiellement les droits des travailleurs.

Eh bien! voilà ce qu'il faut donner au pays; car cette absence de représentation est la source principale de toutes les difficultés sociales. Sans doute, il y a les syndicats professionnels. Je partage, à cet égard, l'opinion de M. Le Cour; je crois avec lui qu'après avoir traversé la première crise de leur formation, après les luttes violentes qu'elle entraîne, qu'on aurait peut-être pu conjurer avec un peu plus de prévoyance, mais qui sont, maintenant, presque inévitables, je persiste à croire que les syndicats deviendront, comme les Trade's Unions anglaises, la véritable représentation du travail. Voilà pourquoi je ne cesserai d'applaudir et d'aider à leur développement.

Mais, pour le moment, il faut bien le dire, ils ne représentent qu'une fraction des travailleurs, et presque toujours à côté d'eux, il reste un nombre important, quelquefois très considérable d'ouvriers syndiqués.

Dans ces conditions, où est la représentation du travail? On ne le sait pas, on la cherche souvent vainement. Vous [vous rappelez, monsieur le Ministre du Commerce, les objections qui vous ont été faites, les incidents qui se sont produits lorsque vous avez constitué le Conseil supérieur du travail.

M. Jules Roche, ministre du Commerce et de l'Industrie. — Oui, et je me rappelle aussi la réponse que j'ai faite à ces objections.

M. le comte Albert de Mun. — Parfaitement, M. le Ministre, je n'ai oublié, en effet, ni votre réponse, ni celle de M. Mesureur, qui s'en est expliqué, ici, en termes excellents.

Vous ne pouviez pas faire autrement que vous n'avez fait, précisément parce que la représentation normale du travail n'existe pas encore.

Eh bien ! l'organisation de conseils permanents de conciliation est un moyen d'y parvenir : il faut se hâter de le saisir.

Pour compléter cette revue des opinions favorables à l'idée de la représentation des intérêts, il est permis d'invoquer l'autorité de l'illustre Le Play, dont l'œuvre tout entière semble appeler cette conclusion, conclusion que l'on trouve, du reste, explicitement formulée dans le *Programme de gouvernement et d'organisation sociale* rédigé par quelques-uns de ses disciples les plus éminents (1). Il est même étonnant que cette idée si féconde ne soit pas poursuivie dans la Revue *La Réforme sociale*, qui cependant est ouverte à toutes les initiatives ayant pour but le relèvement de la France (2).

1. Précis du programme : § 8. *Restaurer le véritable gouvernement du pays par le pays.* — § 23. *Créer des circonscriptions régionales homogènes composées de plusieurs départements, en tenant compte surtout de la connexité géographique, historique ou commerciale qui relie leurs intérêts.* Voir aussi : *La province et ses institutions*, par Angot des Rotours. *Réforme sociale*, janvier 90.

2. Depuis la première édition de ce travail, le R. P. de Pascal a publié, dans l'*Association catholique* du 15 avril, la traduction de deux documents importants extraits de *the Dublin Review* et de *the Nineteenth Century*, revues dont l'autorité est notoire. Je suis heureux de trouver dans ces pages une confirmation, en certains passages, presque textuelle, de plusieurs idées ici exposées.

VI. — Mouvement représentatif et provincial.

Les *Assemblées provinciales* auxquelles il est fait allusion plus haut, ont été tenues en 1889, au nombre de dix-huit, dans les principales villes de France, sur l'initiative d'un groupe d'hommes voués aux œuvres et aux études sociales. Cette manière de célébration du centenaire de 89 aurait eu peut-être, à l'époque, un plus grand retentissement, sans les événements du jour. Entre la tour Eiffel d'un côté et le général Boulanger de l'autre, la concurrence était difficile, et l'Assemblée générale des 400 délégués de ces dix-huit assemblées provinciales, se tint paisiblement à Paris du 24 au 26 juin, sans que l'opinion publique parût beaucoup s'en émouvoir. Du moins, il en resta quelque chose, et les *cahiers de* 1889, préparés dans toute la France, forment, un ensemble de documents qui pourront un jour se retrouver utilement (1).

La province du Dauphiné, qui, en 1888, avait pris les devants, comme elle avait, en 1788, précédé la convocation des Etats généraux, a constitué ce mouvement provincial. En 1891, une deuxième assemblée a eu lieu à

---

1. Le dernier numéro de la *Revue du monde latin* contient un article fort bien fait de M. Raoul de Vissac intitulé : « La question sociale et le Dauphiné ». On voit que l'idée de la représentation professionnelle frappe les esprits ouverts et indépendants.

Romans, dans laquelle on a surtout insisté sur la liberté d'association, sur son extension à toutes les professions et sur le profit qu'en tirerait notamment la liberté d'enseignement et la liberté religieuse. Le programme de la troisième réunion qui vient de se tenir à Voiron sous le nom d'*Etats Libres du Dauphiné*, le 4 et le 5 mars dernier, laissant en dehors la question politique et la question religieuse, a porté principalement sur la formation et l'entente des associations professionnelles, dans tous les ordres de l'activité sociale, comme point de départ de la représentation des droits et des intérêts (1).

On comprend les difficultés sans nombre que rencontrent les organisateurs de ces assemblées. Réunir du monde dans une salle pour entendre des discours, c'est ce qui se fait dans tous les congrès. Mais appeler à un jour donné pour tenir des *Etats Libres*, des représentants de tous les groupes composant l'activité professionnelle, voilà une entreprise ardue, à notre époque d'incurable apathie chez les uns et d'implacable hostilité chez les autres.

Les promoteurs des *Etats du Dauphiné* se sont heurtés contre ce double écueil. Ils avaient libéralement fait appel à tous les groupes sans distinction de couleur ni d'opinion. Les conservateurs, cette espèce d'hommes qui, comme des troupeaux de moutons, ne marchent avec ensemble que pour aller à la pâture, chez le tondeur ou à l'abattoir, les conservateurs naturellement sont restés chez eux.

Quant aux syndicats ouvriers socialistes, il est notoire qu'ils ont obéi au mot d'ordre des loges maçonniques.

1. Voici la liste exacte de ces assemblées : *Dauphiné* : Romans, 10-11 novembre 1888 ; — *Bas-Languedoc* : Montpellier, 17-19 mai 1889 ; — *Poitou* : Poitiers, 22-24 mars ; — *Orléanais* : Orléans, 2-4 mai ; — *Lyonnais-Forez-Beaujolais*, 3-5 mai ; — *Haut-Languedoc*, 6-7 mai ; *Bourgogne* : Dijon, 7-9 mai ; — *Provence* : Aix, 11-12 mai ; — *Franche-Comté* : Besançon, 10-12 mai ; — *Berry* : Bourges, 10-13 mai ; — *Limousin-Marce-Angoumois* : Limoges, 24-25 mai ; — *Normandie* : Caen, 24-27 mai ; — *Quercy* : Cahors, 3-5 juin ; — *Champagne* : Troyes, 5-6 juin ; — *Anjou-Maine-Touraine* : Angers, 7-10 juin ; — *Ile-de-France* : Versailles, 17 juin ; — *Flandre-Artois-Picardie* : Lille, 21-22 juin ; — *Bretagne* : Rennes, 21-23 juin.

Voici la protestation par laquelle ils ont répondu à la courtoise invitation qui leur avait été adressée :

Les syndicats ouvriers Voironnais, invités à participer au congrès des Etats Libres du Dauphiné ont pris dimanche, en réponse, la résolution suivante :

Les membres des Commissions ci-après, réunis en assemblée privée, salle de la Mairie, le dimanche 26 février, à deux heures de l'après-midi :

Syndicat des Ouvriers en chaussures,

Syndicat des Gareurs,

Syndicat des Tisseurs,

Syndicat des Métallurgistes,

Syndicat des Débitants de boissons,

Société de l'Union fraternelle,

Cercle des travailleurs,

Cercle des fondeurs,

Groupe des Travailleurs Socialistes,

ont décidé de publier par toutes les voies possibles les résolutions suivantes :

Protestation des groupes réunis des travailleurs Voironnais contre les prétentions des Etats Libres du Dauphiné, les convoquant à leurs congrès des 4 et 5 mars.

Considérant que le personnel composant les promoteurs des Etats Libres du Dauphiné est essentiellement entaché de cléricalisme, et que leur politique se résume en ces mots : retour au passé, domination absolue, soumission aveugle, esclavage de celui qui produit en faveur de celui qui jouit.

Les travailleurs, devant la perspective que ces exploiteurs se proposent, ont résolu de s'opposer de toutes leurs forces à ces prétentions machiavéliques et de dénoncer à nos camarades le piège grossier qui nous est tendu pour les désagréger et les amener à se joindre à eux pour reconquérir leurs privilèges déchus.

L'assemblée décide en outre de faire un appel énergique à tous les travailleurs de la région dauphinoise, les invitant à se mettre en garde contre cette comédie mensongère et de grand apparat, et de rester unis la main dans la main.

La Commission.

La commission des Etats Libres du Dauphiné devant le refus des syndicats, insista de nouveau auprès d'eux pour obtenir tout au moins un rendez-vous avec les membres du bureau, mais les groupes déclinèrent cette invitation et firent la réponse suivante :

La Commission des groupes a pris connaissance des lettres que le bureau des « Etats Libres du Dauphiné » a adressées aux présidents des groupes républicains des Travailleurs Voironnais, les invitant à un rendez-vous pour samedi soir, afin d'entendre des délégués qui leur donneraient des explications sur la façon dont ils comprennent leur œuvre.

La Commission a décidé de ne pas accepter ce rendez-vous, étant fixée depuis longtemps sur la sincérité de leurs procédés et le caractère anti-républicain du congrès et de ses organisateurs.

La Commission profite de cette réponse pour déclarer énergiquement qu'il n'y a rien de maçonnique dans la protestation faite par les groupes et qu'ils n'obéissent à aucune chapelle.

Pour la Commission,

Le Secrétaire délégué,
J. Allegret.

Cette attitude est remarquable. En dépit des dénégations, elle trahit une direction occulte. Les ouvriers, livrés à leurs propres sentiments, auraient accepté le rendez-vous, ne fût-ce que par curiosité. Nul doute qu'ils n'eussent été frappés de la sincérité, de la loyauté des déclarations faites dans l'assemblée. C'est ce qu'il fallait empêcher à tout prix. Les journaux locaux dont les relations avec les loges sont connues, ont déployé tous leurs artifices pour éveiller les défiances, entretenir les préjugés, défigurer les faits. Il y aurait là une étude curieuse à faire de la méthode opportuniste qui se retrouve partout avec son caractère d'impertinente hypocrisie.

Toutes ces manœuvres et cette opposition n'ont pas empêché l'assemblée d'être nombreuse et suivie. L'idée de la représentation professionnelle a été vivement mise en lumière, sans que les adversaires aient même essayé de la combattre par des arguments sérieux. On a constitué une Commission permanente composée d'hommes résolus à promouvoir, d'ici à la prochaine session, la formation des groupes d'après la classification suivante :

I. — **Professions vouées au bien public :**
1re subdivision : Associations religieuses.— 2e subdivision : Associations vouées à l'enseignement. — 3e subdivision : Associations charitables ou philanthropiques.

II. — **Professions libérales.**
1re subdivision : Fonctionnaires relevant du pouvoir. — 2e subdivision : Professions libérales mixtes. — 3e subdivision : Professions libérales proprement dites.

III. — **Industrie :**
1. Grande industrie, 2. Arts et Métiers, 3. Commerce.

IV. — **Agriculture :**
1. Grande, 2. Moyenne, 3. Petite culture.

On ne peut nier que cette classification ne soit très complète ; si chaque groupe se constitue d'une façon effective et forme une délégation sérieuse, une telle organisation aura des résultats certains dans l'avenir. Mais je crois que c'est surtout sur les syndicats agricoles que l'on peut compter dès maintenant. C'est là que l'on trouve une certaine organisation ; il serait important de la mettre à profit. Quand la représentation agricole aura produit quelque effet, les autres professions suivront l'exemple (1).

1. Voir l'article de M. de la Tour du Pin sur la représentation de l'industrie. (*Assoc. Cath.*, *avril* 1893).

Il convient de noter ici une réunion qui s'est tenue le 1er et le 2 juillet 1892 à Angers. Voici le passage principal du programme rédigé par les promoteurs dont les principaux étaient Mgr de Kernaëret M. le comte de Chateaubriand, M. Urbain Guérin.

« Cette réunion a pour but de rédiger un programme de décentralisation concernant la commune, ce premier groupement naturel, puis le département et la province, de manière à les soustraire à l'intervention abusive de l'Etat dans leurs affaires locales et à leur rendre, avec la sauvegarde des droits et des intérêts de tous, les libertés nécessaires qu'ils ont perdues. Elle tournera aussi son attention vers les autres manifestations décentralisatrices, soit dans les idées, soit dans les faits. »

On voit que l'idée dominante est bien la même qui est exposée dans cette étude. Tout donne lieu d'espérer que le mouvement sera continué dans cette province.

VII. — La politique des intérêts. — Conclusion.

Tel est ce « mouvement représentatif et provincial » sur lequel il était bon d'insister, bien que l'opinion publique ne paraisse pas s'en émouvoir d'une manière sensible (1). L'attention est ailleurs. En 1889, il y avait Boulanger, en 1893, il y a Panama. Il se trouve toujours quelque actualité qui occupe le tapis dans le grand jeu de la vie sociale. L'opinion publique ne s'émeut que de la chronique de l'actualité, comme les enfants sont distraits par les spectacles de la rue. La pénétration des idées s'opère tout autrement ; d'abord imperceptible pour le gros public, l'idée frappe quelques esprits qui s'en font les prosélytes ; les adversaires s'efforcent tout d'abord de faire silence ou d'employer l'arme du ridicule. Mais si les initiateurs ont de la persévérance, ils forcent la contradiction de se produire ; bientôt les polémiques s'engagent, et pour peu que quelque passion soit en jeu, voilà l'attention générale en éveil. Si l'idée est juste, pratique, salutaire, elle s'impose malgré la conspiration du silence ou les sarcasmes des railleurs, et sa cause est gagnée.

Ce fait s'est produit pour l'idée « corporative ». Il y a vingt ans, le mot corporation était tenu comme suspect. Aujourd'hui, il est employé couramment dans le monde

1. Pour suivre le mouvement représentatif et provincial, il est nécessaire de consulter la Revue l'*Association catholique*, qui en est l'organe (242, boulevard Saint-Germain). V. aussi le *XX*e *Siècle* (Marseille).

du travail, et ne fait peur qu'à quelques conservateurs endurcis. L'honneur de cette réhabilitation appartient surtout à l'OEuvre des Cercles catholiques d'ouvriers. Quelques esprits ne seraient pas éloignés de le lui contester, aujourd'hui que le mouvement est lancé; il suffit d'un peu de mémoire pour se rappeler les critiques qu'elle a subies à ce sujet, et le reproche qu'on lui faisait de se servir de la corporation comme d'une panacée universelle. C'est à force de répéter le mot qu'elle a acclimaté la chose. Nous sommes encore loin, sans doute, de l'époque où l'on ressentira les bienfaits du régime corporatif; l'esprit d'association a beaucoup à faire pour triompher de l'esprit individualiste, mais le courant est établi, et, sous un nom ou sous un autre, la corporation s'impose comme une nécessité sociale.

La représentation professionnelle des intérêts en est la conséquence naturelle. Pas plus que l'idée corporative elle ne passionne les masses, et cependant elle est faite pour les conquérir.

Telle est la pensée qui a inspiré ce travail, telle en est la conclusion définitive: la représentation professionnelle des intérêts est aujourd'hui la meilleure, j'ose dire la seule plate-forme politique de l'avenir.

Jusqu'à ce jour, on a fait, suivant des modes divers, de l'union conservatrice; avec quel succès, chacun le sait.

On ne pouvait réussir, parce que le peuple ne tient pas le moins du monde à conserver le régime social issu de la Révolution de 1789, c'est-à-dire le régime de l'aristocratie de l'argent.

A tout prendre, le peuple aimerait encore mieux l'aristocratie de la naissance. Il trouve là, du moins, des délicatesses de sentiments et une sympathie traditionnelle qui a toujours touché son cœur.

Mais vouloir le rallier sur l'idée d'assurer la tranquillité aux agioteurs, aux barons juifs, aux oisifs, aux égoïstes qui ne pensent qu'à jouir, c'est lui supposer une naïveté dont il commence à se guérir. Le peuple en a assez du système, sous quelque forme qu'on le lui présente; il suffit d'entendre les propos qui se tiennent, non pas dans les meetings tumultueux, mais dans les plus paisibles réunions d'ouvriers, pour se rendre compte de l'impopularité attachée aux conservateurs de droite ou de gauche.

Faut-il espérer un meilleur succès en parlant au peuple au nom de la religion?

Ah! certes, si le peuple voulait entendre la langue de l'Evangile, il comprendrait que le christianisme est sa véritable sauvegarde, non pas peut-être tel qu'il est pratiqué par plusieurs, mais tel qu'il a été enseigné par son divin Fondateur.

Prêcher l'Evangile, c'est la mission du prêtre. Montrer l'excellence de la morale chrétienne par les faits et la pratique, c'est le but des grandes œuvres catholiques, qui ont surgi au cours de ce siècle comme pour opposer un secours nouveau à chaque entreprise nouvelle des ennemis de la foi. C'est la raison d'être des conférences de Saint-Vincent de Paul, des patronages de jeunesse, des œuvres d'enseignement, des comités catholiques, des œuvres de presse, des œuvres ouvrières, des innombrables associations de piété et de charité, en un mot, de cet admirable mouvement de renaissance chrétienne dont l'intensité s'est accrue en même temps que croissait la violence de l'attaque révolutionnaire. Jamais peut-être il n'a été déployé une plus grande somme de dévouements, une plus grande activité dans la lutte et la propagande.

Assurément, ces efforts ne sont pas perdus ; nombre d'âmes sont arrachées à l'erreur ou préservées du vice et de l'impiété, grâce aux efforts de ceux qui exercent un véritable apostolat au milieu de la société.

Mais, il faut le reconnaître, l'influence de ces œuvres excellentes ne s'exerce que sur une élite, la masse demeure indifférente ou hostile, la foi perd du terrain dans les campagnes et dans la plupart des centres ouvriers, les majorités emportées par le courant destructeur, donnent le pouvoir aux hommes qui dirigent la France à l'encontre de ses traditions et de sa mission providentielle.

Est-ce au nom de la religion que l'on espère ramener ces foules pour qui la religion même est une cause de défiance et une gêne?

Dire que la religion est une gêne, c'est simplement traduire en termes vulgaires cette vérité que le royaume des cieux souffre violence. La religion libère l'homme de la servitude du péché; mais le pécheur aime sa servitude. La tempérance, la chasteté, la fidélité conjugale, la patience dans la pauvreté, le sacrifice des passions, les promesses éternelles, ce sont des sujets à traiter en chaire pour toucher les cœurs avec l'aide de la grâce divine, mais ce ne sont pas des éléments de popularité devant le suffrage universel.

Il faut prendre les masses telles qu'elles sont, avec l'éducation qu'on leur a faite depuis cent ans. Cette éducation les a mises en défiance. Suivant l'idée vulgaire, la religion est bonne pour les riches, puisqu'elle prêche aux pauvres d'accepter leur misère, et qu'elle protège la suprématie de l'argent. Sans doute elle prêche aussi la charité, mais on a parlé au peuple de ses droits, et il n'entend pas recevoir l'aumône; les chrétiens qui pratiquent l'injustice font tort à ceux qui prônent la charité. Peu lui importe la forme du gouvernement, pour l'instant il préfère la République, parce que ce régime se prête mieux au nivellement social; mais ce qu'il redoute, par-dessus tout, c'est un gouvernement clérical.

Que demande-t-il donc, ce peuple si souvent dupé, si jaloux de son indépendance, et cependant si facile à séduire? Il demande une chose assez naturelle après tout, c'est qu'on s'occupe un peu de ses intérêts matériels, et qu'il soit fait à chacun une part dans les biens de ce monde.

La politique des intérêts n'est peut-être pas la plus transcendante, mais c'est encore la plus utile pour aller au peuple.

Sur ce terrain il n'y a pas de division possible. Chacun a son intérêt en ce monde; la justice consiste non pas dans l'égalité des conditions, mais dans le respect des droits, c'est-à-dire des intérêts de chacun. Que peut-on objecter à cela? Il n'y a là ni question religieuse ni parti politique, ni réfractaires, ni ralliés.

Ce serait peut-être le moyen d'en finir avec ces échanges d'épithètes, avec ces admonestations désobligeantes et si peu conformes aux instructions du Souverain Pontife. Le Pape nous adjure de ne pas affaiblir nos forces par des divisions intestines. Il nous dit de reconquérir la confiance du peuple en écartant tout ce qui peut contrarier ses légitimes aspirations. Il ne nous dit pas de partir armés de pied en cap comme pour la bataille, de blesser nos frères dans leurs convictions, de renier le passé et de compromettre l'avenir par des déclarations retentissantes.

Or, quel langage plus clair, plus accessible à tous que celui de l'intérêt professionnel ?

L'expérience est facile à tenter. Vous vous présentez au milieu d'une réunion publique, devant un auditoire hostile; on vous appelle jésuite, clérical, aristocrate, que sais-je ? Pensez-vous convertir ces gens-là avec des paroles belliqueuses ou des homélies ? Non. Mais quand vous leur expliquez que vous venez simplement causer avec eux de leurs affaires, chercher les moyens d'arriver à une représentation sincère, effective de leurs intérêts, alors ils écoutent et comprennent, la discussion prend un autre caractère, et vous pouvez conquérir la sympathie de l'auditoire.

C'est là ce que redoutent les politiciens. Nous l'avons bien vu dans les motifs de la protestation des ouvriers Voironnais citée plus haut : *Considérant que le personnel composant les promoteurs des Etats Libres du Dauphiné est essentiellement entaché de cléricalisme, et que leur politique se résume en ces mots : retour au passé, domination absolue, soumission aveugle, esclavage de celui qui produit en faveur de celui qui jouit.* Voilà ce que le peuple s'imagine de nous, voilà l'erreur dans laquelle les opportunistes savent habilement l'enfermer en l'empêchant d'entendre nos explications.

Pour dissiper le ma.entendu, un mot suffit parce qu'il répond à une idée vraie, c'est la représentation des intérêts.

Mais, nous dit-on, vous ne pouvez pas prétendre changer tout d'un coup le système actuel, vous éveillez des défiances en critiquant le suffrage universel, et votre combinaison est trop compliquée pour frapper les esprits et entraîner les masses.

Cependant, il n'est pas de langage plus pratique et qui réponde mieux aux préoccupations populaires.

Les abus du parlementarisme, les injustices sociales, les manœuvres de la franc-maçonnerie, l'invasion juive, les excès du capitalisme, toutes ces questions sont aujourd'hui familières aux travailleurs. L'intérêt commun, la profession, le groupement syndical, la représentation à la commune, à la province, forment autant de sujets simples, intelligibles, susceptibles de développements clairs et précis.

Il n'est pas nécessaire de présenter un fonctionnement fabriqué tout d'une pièce; de construire de bas en haut un édifice social. Ce qu'il faut, c'est indiquer un régime suivant lequel les intérêts de chacun soient représentés, c'est-à-dire protégés contre l'écrasement du nombre et la loi du plus fort. Le reste viendra par surcroit. Quand le règne de la justice sera ainsi assuré, le peuple ne demandera qu'à en fixer la stabilité par des institutions durables, conformes à son génie national et à ses traditions historiques.

Le suffrage universel, dans son fonctionnement actuel, est un leurre, comme la souveraineté du peuple; ni l'un ni l'autre ne sont une protection contre le despotisme et l'injustice : nous en avons la preuve éclatante sous les yeux. La représentation des intérêts professionnels, devant les Pouvoirs publics, voilà la véritable garantie des droits du peuple, voilà la véritable expression du suffrage universel ; par elle, le suffrage de chacun acquiert une valeur personnelle au lieu d'être une simple unité numérique contraire à la réalité des choses.

On objecte encore : Tout cela est bien, mais il ne faut pas croire que les travailleurs aient besoin de vous pour s'organiser. Ils tiennent à faire leurs affaires eux-mêmes, et ne se soucient pas d'une hiérarchie professionnelle qui les laisse toujours au bas de l'échelle sociale.

Là, sans doute, est la difficulté, précisément à cause de l'état d'antagonisme que le régime de la lutte pour la vie a établi entre la classe laborieuse et la classe riche.

Mais le même problème se dresse en face de toute espèce d'action ayant pour but l'établissement de la paix sociale. Cette paix est troublée, on ne peut le nier ; il y a souffrance, mécontentement, colère, d'une part ; malaise, inquiétude, de l'autre ; partout des haines, des divisions, des menaces pour l'avenir moral et matériel du pays. On a le sentiment d'un état provisoire ; ce qui est aujourd'hui peut cesser d'être demain ; la confiance dans l'avenir n'existe nulle part.

A ce double mal d'instabilité et d'antagonisme, qui est la conséquence du régime individualiste et précaire créé par la Révolution, le seul remède se trouve dans le fonctionnement régulier des organes essentiels de toute société.

La base fondamentale de la société, c'est la famille ; et par suite l'hérédité ; ce qui fait vivre la famille, c'est la profession, le métier suivant lequel chacun fait l'application spéciale de son travail ; la propriété est le fruit du travail, et les inégalités sociales sont justifiées par les services rendus.

Le bon sens populaire se rend fort bien compte de cet ordre naturel des choses ; il comprend l'utilité de la hiérarchie et des supériorités sociales, à condition qu'elles ne soient pas basées sur l'injustice ; là est toute la question, et la solution de la question, c'est LA JUSTICE.

Le travail est la justification de la propriété. L'homme travaille non seulement pour vivre, mais pour acquérir la propriété ; la propriété qu'il a acquise par son travail, il a le droit de la transmettre à ses enfants ; la propriété a sa raison d'être comme fruit du travail et comme sauvegarde de la perpétuité de la famille ; elle est familiale en son essence ; elle cesse d'être juste quand elle cesse d'avoir ce double caractère.

« La terre, sans doute, dit l'Encyclique *Rerum novarum*, fournit à l'homme avec abondance les choses nécessaires à la conservation de sa vie et plus encore à son perfectionnement, mais elle ne le pourrait d'elle-même sans la culture et les soins de l'homme ».

« Or, celui-ci que fait-il en consumant les ressources de son esprit et les forces de son corps pour se procurer ces biens de la nature? Il s'applique pour ainsi dire à lui-même la portion de la nature corporelle qu'il cultive, et y laisse comme une certaine empreinte de sa personne, au point qu'en toute justice ce bien sera possédé dorénavant comme sien, et qu'il ne sera licite à personne de violer son droit en n'importe quelle manière. »

Et plus loin :

« Ainsi, ce droit de propriété que Nous avons, au nom même de la nature, revendiqué pour l'individu, il le faut maintenant transférer à l'homme, constitué chef de la famille ».

« Bien plus, en passant dans la société domestique, ce droit y acquiert d'autant plus de force que la personne humaine y reçoit plus d'extension. La nature impose au père de famille le devoir sacré de nourrir et d'entretenir ses enfants ; elle va plus loin. Comme les enfants reflètent la physionomie de leur père et sont une sorte de prolongement de sa personne, la nature lui inspire de se préoccuper de leur avenir et de leur créer un patrimoine, qui les aide à se défendre, dans la périlleuse traversée de la vie, contre toutes les surprises de la mauvaise fortune. Mais ce patrimoine, pourra-t-il le leur créer sans l'acquisition et la possession de biens permanents et productifs qu'il puisse leur transmettre par voie d'héritage? »

La justification de la propriété par le travail et par la famille ne pouvait être proclamée en plus magnifique langage.

Voilà qui est acquis, et nous pouvons conclure.

Les lois religieuses et sociales garantissent le respect de la propriété;

La propriété, sauvegarde de la famille, est fondée en justice comme étant le fruit du travail; autrement dit, le travail est la cause juste de la propriété;

Donc l'homme vaut ce qu'il vaut par son travail, c'est-à-dire par sa profession :

Donc l'organisation sociale fondée sur la profession est fondée sur un principe de justice.

Je finis sur ce raisonnement d'une forme un peu aride. Il fallait opposer une thèse précise au programme de destruction sociale placé en tête de cette étude. A l'heure des grandes luttes électorales, chacun cherche la plate-forme politique la plus favorable à la conquête des suffrages. Je ne pense pas qu'il y ait de terrain plus solide que celui de la représentation professionnelle des intérêts, pour établir la défense des fondements essentiels de la société humaine : la Religion, la Famille, la Propriété.

TABLE DES MATIÈRES

		Pages
	Le plan révolutionnaire	3
I. —	La destruction religieuse	7
II. —	La destruction sociale	16
III. —	Le parlementarisme	28
IV. —	L'organisation professionnelle	38
V. —	Ecoles et programmes	47
VI. —	Mouvement représentatif et provincial	57
VII. —	La politique des intérêts. — Conclusion	63

PARIS

IMPRIMERIE NOIZETTE

8, RUE CAMPAGNE-PREMIÈRE, 8